心を励ます 中国名言・名詩

河田聡美

幻冬舎文庫

この本の楽しみ方

本書は、唐詩《とうし》を中心とした漢詩文の中から、人生を豊かにしてくれる珠玉の名句を集めた詞華集《しかしゅう》です。

中学や高校の国語の授業で、初めて漢文に触れたとき、漢文特有の語調のよさと、人生に対するストレートな語り口に、魅《み》せられた人は多いと思います。が、返《かえ》り点《てん》だの再読《さいどく》文字だのといった訓読《くんどく》技術にこだわる退屈な授業に嫌気がさして、漢文から遠ざかった人も、また多いのではないでしょうか。しかし、漢文嫌いを生むような授業は、文学の読み方として、どこか間違っています。そこで本書は、返り点だの平仄《ひょうそく》だのといった技術論は宇宙の彼方《かなた》へ蹴飛《けと》ばして、読者が漢詩文を純粋な文学作品として味わえるように構成しました。

また、優れた詩や文は、読み返すたびに感動が深まるものですが、忙しい毎日の中で、長文を何度も読み返すことは物理的に難しいので、名作の中から、キラリと光る名句だけを二〜四句程度抜き出して、俳句のように、いつでも、どこでも、気軽に読み返せるよう工夫しました。

ちなみに、作品名の下に「より」と記されたものは、作品の中から一部を抜き出したものであり、「より」と記されていないものは、全文を掲載したものです。

村上龍氏は小説『半島を出よ』の中で、「詩人は一言で万人を打ち負かすのだ」と語っていますが、古代中国の詩人たちはまさしく、一言で万人の心を射抜く天才でした。詩人たちの性格や生き様《ざま》は千差万別ですが、彼らが生み出した詩句には、誰の心にもピタリと当てはまる、普遍的な人生の真実が見事に切り取られています。この本に収められた詩人たちの言葉は、千年から二千年もの長い間、読む人の心を励まし、慰め、明るく照らし続けた、本物の言葉です。読み返すたびに味わいが増し、人生への眼差《まなざ》しを深めてくれる詩人たちの言葉は、きっとあなたの人生を、豊かで温かなものに変えてくれることでしょう。

最後になりましたが、本書は、最初から順番に読む必要はありません。その日の気分にあわせて、自由気ままにページをめくってください。

河田聡美

心を励ます　中国名言・名詩　目次

この本の楽しみ方　3

第一章　この世に生まれたからには

●計算ずくで働くなんて、男じゃない　16
●「理不尽な上司に立ち向かえ！」とはいうものの　18
●言っても無駄かも　20
●老いてますます盛んでありたい　22
●怖いもの知らずは怖すぎる　24
●信念をもって！　君の理解者は必ず現れるから　26
●貧乏なときに助けてくれたのは誰？　28
●むやみに迎合するヤツとは友情なんて結べない　30

●小さな幸せより大きな幸せを夢見たい 32
●矛盾に満ちた世の中で、僕には何ができるのだろう 34
●人の心の痛みを理解できる人間でありたい 36
○中国のボランティア第一号は杜甫!? 38
●決断できないヤツは去れ 40
●トコトン自分を追いつめたら、何が生まれる？ 42
○世界の中心で正義を叫ぶ 44

第二章 好きなように生きてみたい

●自信をもって生きてゆこう！　金など後からついてくる 46
●借金がなんだ！ 48
●成功や失敗なんて、気にしない、気にしない 50
●人生は夢のようなもの。苦労からはいち抜けた 52
●人と比べるなんて愚かなことさ 54

●地位も名誉も仕事も捨てて　56
●一度きりの人生、つまらぬことにこだわるな　58
●負け組もまた楽し　60
●探しているものは目の前にあるかもしれない　62
●閑職もまたよし　64
●山のように生きたい？　66
○白居易は、唐代の村上春樹だ!?　68

第三章　とかくこの世は…

●自分の力を過信していない？　70
●学ぶだけでもダメ。偏見だけでもダメ　72
●謙虚になって自分を見つめ直そう　74
●勉強は誰のためにする？　76
●貧しくともプライドを　78

●不惑を過ぎても迷っているようじゃね　80
●良薬は口に苦し　82
●口先だけで信用されようなんて、無理というもの　84
●本当に、兄弟は他人の始まり？　86
●人は一瞬しか生きられない時間の旅人　88
●去年一緒に花見をしたあの人はもういない　90
●幸せすぎると、何だか怖くなるのはなぜだろう　92
○十四世紀の買い物指南書　94
○「一」は宇宙の始まり　95
●私を捨てる者に何を言えばいいのだろう　96
●あふれ出る迷いや怒りは私のどこから出てくるのだろう　98
●愚痴を聞いてほしい。心が少し軽くなるから　100
●いつかは夢を諦《あきら》めなければならないときがくる　102
●絶望は心と体を冷たくする　104
●道端の石がなぜか愛《いと》しくなるときがある　106

●最近白髪が増えたのは苦労のせい？　108
●大ドンデン返しで、ハッピーエンドになることもある　110
●理解者がいないことを嘆く人へ　112
●焼け跡にも春はまたくる　114
●いつの時代も、戦争で泣くのは力のない庶民たち　116
○本名には魔力が宿っている　118

第四章　男と女の間には

●恋は一瞬の花火のようなもの　120
●これって失恋？　122
●愛する心は止められない　124
●青春時代はまぶしくて　126
●別れのときには言葉なんて見つからない　128
●別れた人はさらに美しくなっていた　130

●今度生まれてきたときも一緒になろう　132
●命をかけた恋だったのに　134
●おめでとう。未来へつなぐ出発点だね　136
●そんなに思い煩《わずら》うことはないんだよ。美しさが台無しだ　138
●家族からの手紙は心の支えだよ　140
●飲んでばかりで、ごめん　142
●苦しい中にも幸せはあるから　144
●すまなかったね　146
●妻よ、子よ。お父さんは、いつも君たちのことを思っているよ　148
○玄宗は尾張ことばにたらされる　150

第五章　持つべきは友

●久しぶりだねぇ　152
●何してた？　元気だった？　154

●転勤してもまた会おうぜ　156
●左遷されたけど、今はもう何とも思ってないよ　158
●年をとると友達と会うことさえ難しくなるものさ　160
●何も言わなくても　162
●一杯一杯、また一杯　164
●「サヨナラ」ダケガ人生ダ　166
●飲まずにいられないときもある　168
●飲んでも飲んでも、心が晴れるわけじゃない　170
●うまい酒はここにある　172
●一度は俺も「上司がなんだ！」と叫んでみたい　174
●お前だけだよ、迎えに出てくれるのは　176
●愛犬に慰められる夜もある　178
●飛び回るお前の姿は苦労を忘れさせてくれるよ　180
○唐代詩人中、一番の愛犬家は杜甫！　182

第六章　サヨナラ、また会おう

●みんな、どうしているだろう　184
●手紙の中の一文字一文字が、僕の心を伝えてくれる　186
●ひと言、元気だよと伝えてほしい　188
●月を見るたびに思い出すのは…　190
●故郷を出た、あの日が僕の原点　192
●最後にもう一杯、酒を飲もうよ　194
●田舎へ帰っても元気でいろよ　196
○訓読は中国語の日本語訳だと心得よ！　198
○リアルな杜甫のリアルな死亡伝説　199
●見送る者の寂しさもわかってほしい　200
●見送ってくれる、君の気持ちに感謝　202
●一人で飲むのも、またいいさ　204
●月と僕と僕の影。静かな酒もまた楽し　206

●僕も、いつかは死ぬのだから 208
●孤高の道を歩むと決意した人へ 210
○あっと驚く李白伝説 212

第七章　旅人になりたい

●美の発見者になろう 214
●鮮やかな赤と深い赤。どちらの赤が好き？ 216
●ときには体で自然を感じたい 218
●沈む夕日を見に行こう 220
●海に流れ込む大河を見に行こう 222
●天の川から流れ落ちる滝。そんな滝を見てみたい 224
●ときには夜空を見上げてみよう 226
●宇宙を映す鏡のような湖に行ってみよう 228
●空飛ぶ仙人に会いに行こう 230

○唐の都、長安には百五十五メートル道路があった　232
○青い目の金髪美女が踊る夜　233
●私の居場所を知っているのは、あの月だけ　234
●静謐《せいひつ》という言葉を、ふと思い出す　236

原作者略歴　238
出典解説　243
おわりに　245
文庫化にあたって　247

編集協力　鮎川京子
ＤＴＰ　美創

第一章
この世に生まれたからには

●計算ずくで働くなんて、男じゃない

人生《じんせい》　意気《いき》に感《かん》ず
功名《こうみょう》　誰《たれ》か復《ま》た論《ろん》ぜん

——魏徴《ぎちょう》「述懐《じゅつかい》」詩より

人生の醍醐味《だいごみ》は、自分を男と見込んでくれた相手のために、粉骨砕身《ふんこつさいしん》働くことにある。利益や名誉のために計算ずくで働くなど愚《ぐ》の骨頂《こっちょう》だ。

人生感意気
功名誰復論

欲得ずくで動く人間が多い世の中ですが、ごく稀《まれ》に、心意気などというあやふやなもののために命をかける人間がいます。

唐《とう》王朝の黎明期《れいめいき》。反抗勢力に唐王朝への帰順《きじゅん》を働きかけたいと申し出た魏徴《ぎちょう》に、唐の初代皇帝、高祖《こうそ》は快く大任を任せました。「地位や名誉がほしくて敵地に乗り込むのではない。自分を信頼して大任を任せてくれた皇帝の心意気に応《こた》えるために働くのだ」という右の句には、高祖の恩義に是が非でも報いるのだという、魏徴の固い決意が込められています。

結局、反唐王朝勢力の帰順工作に成功した魏徴は、高祖・太宗《たいそう》の二帝を補佐して、唐王朝を繁栄に導きました。「功名　誰か復た論ぜん」とつぶやき、高祖の心意気に応えることだけを考えて行動した魏徴は、結局、地位と名誉を両方とも手に入れることになったのですが、「やっぱりね」などと、言わないでください。魏徴が右の詩句を口にしたときには、栄光の未来など、まったく見えていなかったのですから。

知っておきたい言葉

意気／心意気。

●「理不尽な上司に立ち向かえ！」とはいうものの

中原《ちゅうげん》　還《ま》た鹿《しか》を逐《お》う
筆《ふで》を投《とう》じて戎軒《じゅうけん》を事《こと》とす
縦横《じゅうおう》の計《けい》は就《な》らざれども
慷慨《こうがい》の志《こころざし》は猶《な》お存《そん》す

——魏徴《ぎちょう》「述懐《じゅつかい》」詩より

国が混乱し、またしても、多くの人間が皇帝の座を目指して争いあう混迷の世になってしまった。机の前でのんびり書き物などしている場合ではないと思い、私も戦地へ赴《おもむ》くことを決意した。各地を巡って、話しあいで戦乱を収めようと努力したが、その戦略は失敗に終わった。しかし、国土の混乱を憤《いきどお》る気持ちは、今もなお、ふつふつと我が胸の内で燃えたぎっている。

魏徴《ぎちょう》がこの詩を作ったのは四十代の頃。人生五十年という時代にあって、四十代は老後の準備を始めてもおかしくない年齢ですが、彼はペンを捨てて戦地に赴《おもむ》く決意をしました。

「慷慨《こうがい》」の語を『広辞苑』で引くと、「社会の不義や不正を憤《いきどお》って嘆くこと」とあります。「唐《とう》王朝が全国制覇を成し遂げた今、ようやく訪れた平和を乱そうとする者は絶対に許さない」。右の詩句からは、穏やかな老後を投げ捨ててでも、自分の力で平和を勝ち取るのだという、魏徴の熱い気概があふれ出ています。

人には、どうしても守らねばならぬものがあり、人生には、どうしても戦わねばならぬときがあります。魏徴の句は、戦うことをためらうすべての人に向けて、「慷慨の志《こころざし》を胸に、迷わず敵に立ち向かえ」と、熱いエールを送っています。

ちなみに「中原に鹿を逐う」の語は、現代では、総理大臣や社長などを目指して競争することを表す慣用句として使われています。

中原還逐鹿
投筆事戎軒
縦横計不就
慷慨志猶存

知っておきたい言葉

中原／古代中国の政治文化の中心地。
逐鹿／皇帝の地位を奪いあうこと。
戎軒／戦車。この詩では戦争の意。
縦横計／戦国時代の合従《がっしょう》連衡《れんこう》の策。

●言っても無駄かも

中人《ちゅうじん》以上《いじょう》は、以《もっ》て上《かみ》を語《つ》ぐ可《べ》し。
中人《ちゅうじん》以下《いか》は、以《もっ》て上《かみ》を語《つ》ぐ可《べ》からざるなり。

――『論語《ろんご》』雍也篇《ようや》（孔子《こうし》の言葉）より

人間としてのレベルが中以上の人には、高度な話をしてもよいが、レベルが中以下の人には、高度な話をしてもどうせ理解されないから、話すべきではない。

理解できない人、あるいは理解しようとしない人に、いくら真理を説いても、所詮《しょせん》は馬の耳に念仏。馬耳東風《ばじとうふう》と聞き流されて終わるだけだということを、孔子《こうし》はよく知っていました。

人の道をていねいに説いて回っても、なかなか受け入れられない苦い経験の積み重ねが、あるいは孔子に、右のような言葉を吐かせたのかもしれません。

孔子に限らず、同様の経験は誰にでもあるはずです。言葉をつくして語りかけても、自分の思いや考えが相手に伝わらないのであれば、深追いはやめて、さっさと諦《あきら》める。その代わり、こっそり胸の内で右の言葉をつぶやいて溜飲《りゅういん》を下げるというのも、自分を無駄に疲れさせない、賢い選択かもしれません。

ただし、逆の場合もあるので、議論の途中で相手が言葉を飲み込んだときには、「あぁ、自分は今、聞く耳をもたない中人以下の人間だと思われたのだなぁ」と、素直に反省する覚悟もお忘れなく。

中人以上、
可以語上也。
中人以下、
不可以語上也。

知っておきたい言葉

中人以上／知的にも、人格的にも、人間としてのレベルが中以上の人。

上／高尚な話。高次元の話。高邁《こうまい》な真理。

●老いてますます盛んでありたい

老《お》いては当《まさ》に益《ますます》壮《さか》んなるべし。寧《なん》ぞ白首《はくしゅ》の心《こころ》を知《し》らん。

——王勃《おうぼつ》「滕王閣《とうおうかく》の序《じょ》」より

男子たるもの、年老いても志《こころざし》を高くもち続け、若い頃以上に意気盛んでなければならない。世間の人々には、こんな白髪頭《しらがあたま》の老人の心の内などわからないだろうけれど。

日本人の平均寿命は年々延び、人生百年といわれる昨今、巷《ちまた》には「老いてますます盛ん」な老人が増えていますが、この「老いてますます盛ん」という慣用句の出典が右の句です。

奴隷《どれい》を殺害した罪で官を追われた王勃《おうぼつ》青年は、自分の罪に連座してベトナムに左遷された父を見舞うべく旅に出ました。右は、その旅の途中で王勃が作った文章です。「たとえ今の不遇が生涯続き、白髪頭《しらがあたま》の老人になるまで仕官がかなわなかったとしても、それでも自分は、世のため人のために働くという夢を、決して諦《あきら》めないつもりだ」。

こんなふうに固く決意した王勃でしたが、父のもとへ行く航海の途中で海に落ち、二十代後半の若さで溺死《できし》してしまいました。

足腰が弱り、目や耳が遠くなり、昨日は簡単にできたことも、今日はもうできなくなっている。そんな高齢者を、王勃の言葉は今も励まし続けていますが、作者である王勃自身は、白髪になるまで生きることがかないませんでした。何とも皮肉な運命です。

老当益壮。
寧知白首之心。

知っておきたい言葉
寧／どうして〜だろうか。反語。

●怖いもの知らずは怖すぎる

暴虎《ぼうこ》馮河《ひょうが》、
死《し》して悔《く》い無《な》き者《もの》は、
吾《わ》れ与《とも》にせざるなり。

――『論語《ろんご》』述而篇《じゅつじ》（孔子《こうし》の言葉）より

獰猛《どうもう》な虎を素手で殴《なぐ》り倒したり、黄河《こうが》のような大河を徒歩で渡ろうとするような、死をも恐《おそ》れぬ野蛮な勇者と、私は仕事を共にしたくない。

暴虎馮河、
死而無悔者、
吾不与也。

孔子《こうし》には、秀才肌の顔回《がんかい》と熱血漢の子路《しろ》という対照的な個性をもつ弟子がいました。右は、顔回ばかりを褒《ほ》める孔子の態度に不満をつのらせた子路が、孔子に「先生は戦争をするとき、誰をパートナーに選びますか」と質問したときの返答です。武勇に優れた子路は、孔子が自分の名前を挙げるものと期待したのですが、孔子は、「死んでも悔いなし」と豪語するような蛮勇《ばんゆう》の徒《と》とは仕事を共にしないと語って、子路の思惑《おもわく》を一刀両断に切って捨てました。

それでは、孔子が理想とするパートナー像とは、どういうものだったのかというと、「必《かなら》ずや事《こと》に臨《のぞ》みて懼《おそ》れ、謀《はかりごと》を好《この》みて成《な》さん者《もの》なり」というものでした。大きな仕事を成し遂げるためには、はた目には臆病者《おくびょうもの》に見えるほど慎重に行動し、熟慮《じゅくりょ》に熟慮を重ねた末に行動する者と組むべし、というのが人生の達人、孔子の処世術でした。

「武士道と云《い》うことは即《すなわ》ち死ぬことと見付《みつ》けたり」（『葉隠《はがくれ》』）と語る日本的処世術とは対照的な、何とも深い処世訓です。

知っておきたい言葉

暴虎／素手で虎をたたくこと。
馮河／歩いて大河を渡ること。
与／力をあわせて一緒に行うこと。

●信念をもって！　君の理解者は必ず現れるから

徳《とく》は孤《こ》ならず、
必《かなら》ず隣《となり》有《あ》り。

――『論語《ろんご》』里仁《りじん》篇（孔子《こうし》の言葉）より

知性と品性をかね備えた人格者には、必ずよい理解者が現れるから、孤立することはない。

徳不孤、必有隣。

右は、知性と品性をかね備えた人格者を指しての言葉ですが、そこまで完璧な人間をイメージしなくとも、「正義感にあふれた人」「曲がったことの嫌いな人」を指しての言葉と解釈すれば、私たちにより身近な言葉となります。

子供の頃、正義感が空回りして、クラスから浮き上がってしまったことはありませんか。社内でトラブルが発生したとき、正論を主張したばかりに、仕事仲間から冷ややかな目で見られたことはありませんか。そういうとき、右の言葉は、「安易に妥協したりせず、自分の信じる道を歩み続けよ」と、私たちを励ましてくれます。そして、「孤独に耐えた先には必ず真の理解者が待っている」と、勇気づけてくれます。

きれいすぎる水には魚も棲《す》まないといいますが、優れた人格者の前では、誰もが自分の心を見透《みす》かされる気がして、居心地の悪さを感じるものです。右の言葉は案外、正論を唱えて周囲から孤立しがちだった孔子《こうし》が、自分を励ますために語った言葉かもしれません。

知っておきたい言葉

徳／優れた人格者。
隣／隣人。仲間。

●貧乏なときに助けてくれたのは誰？

手《て》を翻《ひるがえ》せば雲《くも》と作《な》り　手《て》を覆《くつがえ》せば雨《あめ》
紛紛《ふんぷん》たる軽薄《けいはく》　何《なん》ぞ数《かぞ》うるを須《もち》いん
君見《きみみ》ずや　管鮑貧時《かんぽうひんじ》の交《まじわ》り
此《こ》の道《みち》　今人《こんじん》棄《す》てて土《つち》の如《ごと》し

――杜甫《とほ》「貧交行《ひんこうこう》」詩

手のひらを上に向ければ雲となり、下に向ければ雨となるように、軽薄な俗物たちの気持ちはめまぐるしく変わるから、気にするな。管仲《かんちゅう》と鮑叔《ほうしゅく》の貧乏時代の友情を見たまえ。今の人は、彼らのような友情を、土くれのように捨てている。

四十歳頃の杜甫《とほ》は長安《ちょうあん》で、つてを頼っては権力者に面会を申し込み、下げたくもない頭を下げてまで必死に求職活動をしていました。しかし、地位も財産もない杜甫に、世間の風は冷たかったのでしょう。杜甫はどんなに努力しても、職に就くことができませんでした。

右の詩には、求職活動の中で杜甫の心にたまった憤懣《ふんまん》が、マグマのように噴出しています。

春秋《しゅんじゅう》時代、管仲《かんちゅう》と鮑叔《ほうしゅく》は二人で商売をしていましたが、生活に困窮していた管仲は鮑叔に黙って、いつも儲《もう》けを余分に取っていました。鮑叔はそれを知っていましたが、管仲の才能を買っていたので、とがめることをしませんでした。しかし唐《とう》代の人々は皆、手のひらを翻《ひるがえ》すような気軽さで強きになびいて恥じる様子もなく、思いやりと助けあいの精神で貧乏時代を乗りきった、管仲と鮑叔のような者など、もうどこにもいなくなってしまったと、杜甫は言います。人情と友情の希薄化を嘆く杜甫の嘆きは、現代に生きる私たちの嘆きでもあります。

翻手作雲覆手雨
紛紛軽薄何須数
君不見管鮑貧時交
此道今人棄如土

知っておきたい言葉

紛紛／数多《あまた》のものが入り乱れている様子。
何須数／どうして数える必要があろうか。問題にする必要はない。反語。
管鮑／管仲と鮑叔。

●むやみに迎合するヤツとは友情なんて結べない

君子《くんし》は和《わ》して同《どう》ぜず。
小人《しょうじん》は同《どう》じて和《わ》せず。

――『論語《ろんご》』子路《しろ》篇（孔子《こうし》の言葉）より

君子は、嘘偽《うそいつわ》りのない真の友情を結ぶが、友情を保つために相手に迎合《げいごう》することはない。小人《しょうじん》は相手に迎合したり、付和雷同《ふわらいどう》することによって友情を保とうとするため、真の友情を結ぶことができない。

君子和而不同。
小人同而不和。

知っておきたい言葉

君子／知性と教養をあわせもった優れた人格者。

和／互いの違いを認めあいつつ、和やかに親しみあうこと。

同／他者に迎合すること。付和雷同すること。

小人／知性や教養に欠け、人格的にも卑《いや》しい小人物。

人生の達人である孔子《こうし》が、俗世間にはびこる人間関係のトラブルをつぶさに観察した末にたどりついた結論が、右の句です。

小人《しょうじん》は、周囲から孤立することを嫌うあまり、むやみに人に迎合《げいごう》して緊密な人間関係を築こうとします。こうして築かれた人間関係は、迎合や付和雷同《ふわらいどう》によって生まれた幻《まぼろし》の一体感が基礎となっているため、両者の間に横たわるわずかの差異、たとえば才能や実力の差、社会的身分や年収の差などが露《あらわ》になったとたん、一方には相手を侮蔑《ぶべつ》する心が、もう一方には相手を妬《ねた》む心がわき起こり、人間関係に亀裂が入ってしまいます。しかし君子の場合は、相手に迎合することなく、互いの人格や個性、考え方の違いをすべて認めあったうえで人間関係を築くことができるので、真の友人関係を結ぶことができます。

友人ができないと悩んでいる人は、やみくもに友達を探したり、人に好かれようとする前に、他人に左右されない、ゆるぎない自分を築く努力をしなさい、というのが孔子の教えです。

●小さな幸せより大きな幸せを夢見たい

安《いず》くんぞ広廈《こうか》の千万間《せんまんげん》なるを得《え》て
大《おお》いに天下《てんか》の寒士《かんし》を庇《おお》いて倶《とも》に顔《かお》を歓《よろこ》ばせん
風雨《ふうう》にも動《うご》かず　安《やす》きことは山《やま》の如《ごと》し
嗚呼《ああ》　何《なん》の時《とき》か眼前《がんぜん》に突兀《とっこつ》として此《こ》の屋《おく》を見《み》ば
吾《わ》が廬《いおり》は独《ひと》り破《やぶ》れて凍死《とうし》を受《う》くとも亦《また》足《た》れり

――杜甫《とほ》「茅屋《ぼうおく》の秋風《しゅうふう》の破《やぶ》る所《ところ》と為《な》る歌《うた》」詩より

世界中の貧乏人が笑顔で暮らせるよう、部屋が何千、何万もある大きな家をなんとかして手に入れたい。もし、そんな家が目の前に現れたなら、我が家が倒壊《とうかい》して凍死したとしても悔《く》いはない。

五十歳の杜甫《とほ》は当時、家族と共に茅《かや》ぶきの粗末な家に住んでいました。ある日、強風によって吹き飛ばされた屋根の茅が、杜甫の目の前で村の貧しい子供たちに盗まれてしまうという事件が起きました。

右の詩の前半には、茅の吹き飛んだ屋根から雨水が入り込んで家中、水浸しとなり、今夜は寝る場所もないという嘆きが綴《つづ》られています。

普通なら、茅を持ち逃げした村の子供たちを罵倒《ばとう》し、降《ふ》り続く雨を呪い、貧しい我が身を嘆き…と続きそうな内容ですが、杜甫は自分の不幸に浸ることなく、自分よりもっと貧しい人々の生活へと思いをはせました。そして、その思いは、世界中の貧乏人が安心して住めるような巨大な家があったなら…という夢想へと結実し、ついには、もしも夢がかなうなら、自分はこのまま凍死してもかまわないとまで思うのです。今から千年以上も前に、雨漏りのする廃屋の中で、こんなにも壮大で人類愛に満ちた夢を育《はぐく》んでいた詩人がいたことを思うと、現代人の夢の小ささが恥ずかしく思われます。

安得広廈千万間
大庇天下寒士倶歓顔
風雨不動安如山
嗚呼何時眼前突兀見
此屋
吾廬独破受凍死亦足

知っておきたい言葉

安得／なんとかして～したい。願望を表す。
広廈／大きな家。
寒士／貧乏人。
突兀／家が高くそびえ立つ様。

●矛盾に満ちた世の中で、僕には何ができるのだろう

朱門《しゅもん》には酒肉《しゅにく》臭《くさ》きに
路《みち》には凍死《とうし》の骨《ほね》あり

——杜甫《とほ》「京《きょう》より奉先県《ほうせんけん》に赴《おもむ》く詠懐《えいかい》 五百字《ごひゃくじ》」詩より

貴族の家の中には、酒や肉が腐るほどあるというのに、
道端《みちばた》には、凍死者の骨が転がっている。

生活苦から、妻子を地方に住む親戚の家に預け、長安《ちょうあん》で一人、就職活動をしていた杜甫《とほ》は、四十四歳のとき、ようやく官職に就くことができました。就職の報告をするため、喜び勇んで妻子のもとへ向かった杜甫はしかし、旅の途中で残酷な情景を目にすることになりました。

寒風吹きすさぶ路傍《ろぼう》には、凍死《とうし》者の骨が無数に散らばっているというのに、皇帝の冬の別荘には、暖かな温泉の湯気が立ち込め、妙《たえ》なる音楽が流れていました。皇帝や貴族、高位高官たちが豪奢《ごうしゃ》な料理を食べ残す傍《かたわ》らで、貧しい者たちが飢えと寒さのために次々と倒れてゆく現実を、政治の末端を担う者の一人として、杜甫はどうしても許すことができませんでした。

今、日本でも中国でも、急速に所得格差が広がっています。杜甫がこの旅の終わりで、我が子の餓死《がし》を知ったように、貧困による悲劇が、いつ自分の身に降《ふ》りかからないとも限りません。千数百年前の路傍の凍死者は、決して私たちと無関係な死者ではありません。

朱門酒肉臭
路有凍死骨

知っておきたい言葉

朱門／朱塗りの豪奢な門。貴族の家の門。

●人の心の痛みを理解できる人間でありたい

生《せい》は常《つね》に租税《そぜい》を免《まぬか》れ
名《な》は征伐《せいばつ》に隷《れい》せず
迹《あと》を撫《ぶ》すれば猶《な》お酸辛《さんしん》たれば
平人《へいじん》は固《もと》より騒屑《そうせつ》たらん

——杜甫《とほ》「京《きょう》より奉先県《ほうせんけん》に赴《おもむ》く詠懐《えいかい》　五百字《ごひゃくじ》」詩より

官吏《かんり》の私には、税金を納める必要もなければ、徴兵《ちょうへい》される心配もない。そんな私ですら、振り返ってみれば、様々な辛酸《しんさん》を舐《な》めてきているのだから、庶民には心安らぐ日などないに違いない。

当時、四十四歳だった杜甫《とほ》は、この詩を書く直前、貧しさゆえに、幼い我が子を餓死《がし》させるという、父親として最も辛《つら》い体験をしました。普通なら、自分の悲しみに溺《おぼ》れてしまいそうな状況ですが、杜甫は自己憐憫《れんびん》に陥ることなく、自分よりもずっと苦しい生活を強《し》いられている庶民のことを思いました。「納税の義務も兵役の義務もない私ですら自分の子供を餓死させてしまう、厳しい世の中だ。納税と兵役の義務を背負わされた庶民が味わっている苦労は、私の比ではあるまい。重税に耐えかねて土地を捨て、流民《るみん》になった人たちが大勢いると思うと、私はいたたまれない気持ちになる」。

納税の義務も兵役の義務も免除されている官僚だからこそ、庶民の平凡な暮らしを守るために闘わなければならない。生真面目な杜甫はそう考え、社会の矛盾を告発するために、右の五百字にも及ぶ長編詩を書き上げました。

自分の幸せしか眼中にない現代人には、耳の痛い一言です。

生常免租税
名不隷征伐
撫迹猶酸辛
平人固騒屑

知っておきたい言葉

隷／従う。所属する。

撫迹／人生を振り返ること。

騒屑／不安定な様子。

中国のボランティア第一号は杜甫!?

一九九九年九月二十一日の未明、台湾で大地震が発生したとき、私はちょうど台北《タイペイ》に住んでいました。

電気もガスも止まった薄暗い部屋の中で、ひたすらラジオの地震情報に聞き入っていた私は、ラジオのアナウンサーが突然、「日本朋友、来了！」（日本の友人たちが、来てくれました！）と興奮気味に連呼《れんこ》する声を聞きました。あの瞬間ほど、日本人であることに誇りをもてたときはありません。

諸外国の中で、一番先に被災地に入った日本の救援隊は、台湾市民の熱烈な歓迎を受け、活動の一部始終がテレビや新聞で日々、詳細《しょうさい》に報道されました。人的支援の大切さを肌身で感じた災害体験でした。

ボランティアのことを、現代中国語では「志願者」または「義工」といい、ボランティア活動は台湾や香港、中国などの中華圏でも活発に行われています。

たとえば中国では、数多くの大学生が、教育環境の整っていない地域で教育ボランティアなどの活動に汗を流しています。もしも杜甫《とほ》が現代に生きていたら、きっとこうしたボランティア学生たちの先陣《せんじん》をきっていたに違いありません。

三十二ページで紹介した「茅屋《ぼうおく》の秋風《しゅうふう》の破《やぶ》る所《ところ》と為《な》る歌《うた》」詩は、災害弱者に言及した杜甫詩の傑作の一つなので、ぜひ全文の日本語訳を読んでみてください。

「旧暦《きゅうれき》の八月、強風によって、我が家の屋根の茅《かや》が吹き飛ばされてしまいました。茅は川の対岸まで吹き飛び、あるものは木の枝に引っかかり、あるものはため池に沈んでしまいました。

村の子供たちは、私を無力な老人だと甘く見て、目の前で茅を盗み、竹やぶの中へ逃げ込んでしまいました。私は声がかれるまで叫びましたが、茅を奪い返すことなどできるはずもなく、ただ杖《つえ》に寄りかかって、ため息をつくしかありませんでした。

しばらくして強風は止《や》みましたが、雨は止む気配もなく、そのまま夜になりました。

長年使い込んで、鉄のように硬《かた》くなったせんべい布団《ぶとん》は、寝相《ねぞう》の悪い息子たちに蹴破《けやぶ》られて裏側がボロボロになっています。が、雨漏りのする我が家では、そんなボロ布団さえ敷く場所がありません。

雨は絶え間なく降《ふ》り続いて止みそうになく、安禄山《あんろくざん》の乱が起こってからというもの、ただでさえ熟睡できない日が多いというのに、秋の夜長をずぶ濡《ぬ》れで過ごさねばならないのかと思うと、気持ちが自然と落ち込みます。

いつの日か、何千室、何万室もある、頑丈《がんじょう》で大きな家を手に入れて、そこに世界中の貧しい人たちを住まわせてあげられたなら、私は凍え死んでもかまいません」

今も昔も災害は、社会的弱者に、より重い犠牲を強《し》います。貧しい杜甫の家から茅を盗み取っていった村の子供たちの家はおそらく、暴風雨によって杜甫の家以上の被害を被《こうむ》っていたはずです。被災地の様子を報道する新聞やテレビのない時代に、災害弱者のおかれた状況を正しく理解し、援助の手をさしのべようとした杜甫は、まさしくボランティアの先駆者でした。

●決断できないヤツは去れ

蝮蛇《ふくだ》 一《ひと》たび手《て》を螫《さ》せば
壮士《そうし》 即《すなわ》ち腕《うで》を解《と》く

――陸亀蒙《りくきもう》「離別《りべつ》」詩より

男たるもの、腕をマムシに咬《か》まれたら、毒が回らぬうちに、即刻、腕を切り離すくらいの決断力があるべきだ。

危機に直面したときほど、その人の真価が問われる場面はありません。リスクを背負いたくないばかりに、ぐずぐずと決断を遅らせたり、自分の非を認めたくないばかりに、詭弁《きべん》を弄《ろう》して責任転嫁《てんか》を図ろうとする人ほど、見ていて不愉快なものはありません。「そんなことをすれば、器《うつわ》の小ささが露《あらわ》になるだけなのに」と、傍観者《ぼうかんしゃ》のときは思うのですが、いざ自分が当事者になってみると、つい煮えきらない態度をとってしまうのが現実です。毒蛇に咬《か》まれた壮士《そうし》が、躊躇《ちゅうちょ》することなく、即座に自分の腕を切り落とす姿は、優柔不断な凡人たちに向けて、「最善の策だと判断したら、リスクに怯《おび》えることなく、即座に実行する人間たれ」と決断を迫っています。危機管理の重要性が叫ばれる現在、「身を切って実をとれ」と語る右の言葉には、ピンチをチャンスに変えるヒントが隠れています。

ちなみに右の句は、陸亀蒙《りくきもう》のオリジナルではなく、決断力の重要性を説いた当時の諺《ことわざ》を詩句に読み込んだものです。

蝮蛇一螫手
壮士即解腕

知っておきたい言葉

蝮蛇／マムシ。毒蛇の一種。
螫／毒虫や毒蛇が人を刺すこと。
壮士／意気《いき》軒昂《けんこう》で血気盛んな男性。
即／間髪《かんはつ》を入れず、すぐさま。即刻。
解／分解する。切り離す。

●トコトン自分を追いつめたら、何が生まれる？

人《ひと》と為《な》り性僻《せいへき》にして佳句《かく》に耽《ふけ》る
語《ご》　人《ひと》を驚《おどろ》かさずんば死《し》すとも休《や》まず

――杜甫《とほ》「江上《こうじょう》　水《みず》の海勢《かいせい》の如《ごと》くなるに値《あ》い聊《いささ》か短述《たんじゅつ》す」詩より

私は詩作に熱中し始めると止まらなくなり、誰もがハッと息をのむような詩句を思いつくまで、死んでも詩作をやめないような極端な性格だ。

天才肌の人が好きなことに没頭しているときの集中力には、驚くべきものがありますが、杜甫《とほ》もまた、詩句をつむぎ出すことに異常なまでの執念を燃やした詩人でした。

右の句の凄《すご》みを理解したい人は、「佳句」や「語」を適当な言葉に置き換えてみてください。たとえば、料理好きの人なら、「人と為り性僻にして料理に耽《ふけ》る、美味　人を驚かさずんば死すとも休《や》まず」とでも言い換えて、口の中で繰り返し唱えてみてください。しばらくすると、じわじわと胸の内から違和感が込み上げてくるはずです。

「死すとも休まず」といえるほど、一つのことに集中し、決して妥協することなく、極限まで自分を追いつめることのできる人はそう多くありません。

杜甫は、バランスを欠くほど一つのことにのめり込み、そういう自分をコントロールできない性格であることを、「性僻」と表現しました。天才とは、何ともやっかいな生き物です。

為人性僻耽佳句
語不驚人死不休

知っておきたい言葉

僻／かたよっている様。

世界の中心で正義を叫ぶ

漢詩には、「世界の中心で正義を叫ぶ」といった感じの、日本文学にはない小気味よさがあります。

中国こそが世界の中心であり、中国文化こそが世界最高の文化だと自負していた古代の中国人たちは、外国文学の影響を一切受けることなく、二千五百年もの長きにわたって、中国特有の唯我独《ゆいがどく》尊《そん》的文学世界を守り続けました。さすがの中国文学も、二十世紀初頭には西洋文学の影響を受けて変質を余儀なくされましたが、それまでの中国では、虚構《きよこう》や嘘を排除し、人生の様々な局面を子細《しさい》に綴《つづ》り、記録することこそが文学だと信じられていました。

反省好きの日本人は、挫折《ざせつ》するたびに自分の至らなさを反省しますが、「自分にも悪いところがあった」とか「自分の能力不足だった」などとは露《つゆ》ほども考えない古代中国の知識人たちは、挫折するたびに天を恨《うら》み、世を恨み、自分の前に立ちはだかる悪を容赦《ようしゃ》なく糾弾《きゅうだん》しました。

世間の無理解や自分の不運を大げさに嘆き、四《し》面楚歌《めんそか》の中でも正義を貫き、自分の信じる道を孤高《ここう》に歩むことを宣言する中国詩には、日本文学にはない力強さがみなぎっています。もしも現代の日本人が中国詩に心引かれるとしたら、それは中国の詩人たちの迷いのなさ、自己主張のブレのなさゆえかもしれません。

世界の中心で愛しか叫ばない日本文学との違いが、ここにあります。

第二章
好きなように生きてみたい

●自信をもって生きてゆこう！　金など後からついてくる

天《てん》　我《わ》が材《ざい》を生《しょう》ず　必《かなら》ず用有《ようあ》り
千金散《せんきんさん》じ尽《つ》くすも　還《ま》た復《ま》た来《き》たらん

――李白《りはく》「将進酒《しょうしんしゅ》」詩より

天が私を必要としたから、私はこの世に生まれたのだ。
だから金など、使いたいだけ使ってしまえばよいのだ。
どうせ何《いず》れは私のもとへ戻ってくるのだから。

天生我材必有用
千金散尽還復来

どうせ短い人生ならば、お金のことなど気にせず、好きな酒でも飲みながらパーッと楽しくやろうじゃないかと、唐《とう》代一の酒飲み詩人、李《り》白《はく》は誘います。「天　我が材を生ず　必ず用有り」などと人前で言えば、普通は、鼻持ちならない自信家として敬遠されますが、李白が言うと、そうした厭《いや》味が少しも感じられないばかりか、むしろ「よく言った！」と快哉《かいさい》を叫びたくなるから不思議です。

お金がなくて困るのは、お金で武装しなければ怖くて外にも出られない臆病《おくびょう》者だけのこと。李白のように、自分がこの世に生まれた意味を、何のてらいもなくストンと素直に受け止められる健康な精神をもっていれば、お金などなくとも案外、楽しく暮らせるものなのかもしれません。事実、李白はお金のあるときは思いきり使い、お金のないときは友人に酒をご馳走になりながら、いつかなるときも李白らしく自由闊達《かったつ》に生きて、その生涯を閉じました。何とも羨《うらや》ましい生き方です。

●借金がなんだ！

酒債《しゅさい》　尋常《じんじょう》　行《ゆ》く処《ところ》に有《あ》り
人生《じんせい》　七十《しちじゅう》　古来稀《こらいまれ》なり

——杜甫《とほ》「曲江《きょくこう》　二首《にしゅ》」詩、その二《に》より

飲み屋の付《つ》けはいつも、私の行く先々にあるが、昔から七十歳まで長生きした人などめったにいないから、借金など気にならない。

杜甫《とほ》は四十六歳のとき、苦労の末に左拾遺《さしゅうい》という、皇帝の誤りを正す官に就きましたが、張りきりすぎたのか、着任早々、出すぎた発言をして皇帝に睨《にら》まれ、朝廷内で孤立してしまいました。鬱屈《うっくつ》した杜甫は、朝廷での仕事を終えると、服を質に入れて金を借り、湖の岸辺で酒を飲んでは酔っぱらって家に帰るという日々を送っていました。

孔子《こうし》は、「七十《しちじゅう》にして心《こころ》の欲《ほっ》する所《ところ》に従《したが》い、矩《のり》を踰《こ》えず」（私は七十歳でようやく、心のままに行動しても道を踏みはずさなくなった。『論語《ろんご》』為政《いせい》篇）と語っていますが、杜甫は七十歳まで長生きできる人間などほとんどいないと反論します。そうして、どうせ人間的に未熟なまま死ぬ運命なら、借金など気にせず、酒でも飲んで人生を楽しもうと決意しました。生真面目な杜甫にしては珍しい自棄《じき》的な言葉ですが、この数か月後には左遷される運命が待ち受けていたことを思えば、さすがの杜甫も、酒に逃げずにはいられなかったのでしょう。ちなみに、七十歳を指す「古稀《こき》」はここから生まれた言葉です。

酒債尋常行処有
人生七十古来稀

知っておきたい言葉

酒債／酒代の借金。
尋常／普通。当たり前。

●成功や失敗なんて、気にしない、気にしない

何《なん》ぞ世《よ》を恋《こ》いて常《つね》に死《し》を憂《うれ》うるを須《もち》いん
亦身《またみ》を嫌《きら》いて漫《みだり》に生《せい》を厭《いと》う莫《な》かれ
生去死来《せいきょしらい》　都《すべ》て是《こ》れ幻《まぼろし》
幻人《げんじん》の哀楽《あいらく》　何《なん》の情《じょう》にか繋《か》けん

——白居易《はくきょい》「放言《ほうげん》　五首《ごしゅ》」詩、その五《ご》より

生きることに執着《しゅうちゃく》するあまり、死を恐れるなど愚《ぐ》の骨頂《こっちょう》だ。自分のことを好きになれないからといって、生きることまで嫌《いや》がってはいけない。生も死も幻なのだから、幻の人生の中の幻の哀歓《あいかん》など、気にかける必要はない。

左遷の通告を受けた白居易《はくきょい》は、この先の人生に絶望して死を考えた瞬間があったのかもしれません。また逆に、敗者のまま終わる人生に恐怖して、「必ず長安《ちょうあん》へ戻って来るぞ」と、勝者の人生に強くこだわった時期があったのかもしれません。

いずれにしても、もんもんとした気持ちを抱《いだ》いたまま新しい任地へ旅立った白居易でしたが、旅の途中で、キッパリと気持ちを切り替えることに成功したようです。

何須恋世常憂死
亦莫嫌身漫厭生
生去死来都是幻
幻人哀楽繋何情

「生に執着して死を恐れるのも愚《ぐ》の骨頂《こっちょう》なら、自意識過剰ぎみに自己嫌悪を繰り返し、もう生きるのは嫌《いや》だと人生を投げ出すのも愚の骨頂だ。この世に生まれてきたことも、死んでこの世を去ってゆくことも、皆、幻なのだから、幻の世の幻の人生に降《ふ》りかかってくる生や死、喜びや悲しみ、成功や失敗などにこだわる必要はないのだ」と、白居易はこれからの人生に腹をくくりました。

バランス感覚に優れた白居易らしい選択でした。

●人生は夢のようなもの。苦労からはいち抜けた

世《よ》に処《お》るは大夢《たいむ》の若《ごと》し
胡為《なんすれ》ぞ其《そ》の生《せい》を労《ろう》する
所以《ゆえ》に終日《しゅうじつ》酔い
頽然《たいぜん》として前楹《ぜんえい》に臥《ふ》す

――李白《りはく》「春日酔より起きて志を言う《しゅんじつよいよりおきてこころざしをいう》」詩より

私は今、夢の中で、李白という人間の人生を生きているのかもしれない。もしこの人生が夢なら、何も苦労して日々を生きる必要などないではないか。そう思った私は、夢の中の人生をおおいに楽しむために、一日中、酔っ払い、日当たりのいい家の南側で寝転《ねころ》んでいることにした。

中国には紀元前四世紀頃からすでに、人生を夢だととらえる考え方がありました。ある日、蝶《ちょう》となって楽しく暮らす夢を見た荘子《そうし》は、夢から覚めた後、「人間である自分が蝶になった夢を見たのか、それとも蝶である自分が今、荘子として生きている夢を見ているのか、いったい、どちらが真実なのだろう」と考えました。俗に「胡蝶《こちょう》の夢《ゆめ》」と呼ばれるこの考え方が、このとき、李白《りはく》の脳裏をよぎったのでしょう。

日々、もがき苦しみながら生きているこの人生が、もしも誰かの見ている夢にすぎないのだとしたら。そう考えると、歯を食いしばって生きているのが、何だか馬鹿らしくなってきます。そこで李白は、「いち抜けた！」と宣言し、好きな酒をたらふく飲み、日向ぼっこでもしながら、この壮大な夢の中の人生を思いきり楽しもうと決意しました。人生を夢だと思い定めたとき、もしも今とは違った生き方をしたいと思ったなら、あるいはそれが、自分の最も望む生き方なのかもしれません。

処世若大夢
胡為労其生
所以終日酔
頽然臥前楹

知っておきたい言葉

前楹／家屋の南側にある柱。

●人と比べるなんて愚かなことさ

松樹《しょうじゅ》は千年《せんねん》なるも　終《つい》に是《こ》れ朽《く》ち
槿花《きんか》は一日《いちじつ》なるも　自《みずか》ら栄《えい》を為《な》す

――白居易《はくきょい》「放言《ほうげん》　五首《ごしゅ》」詩、その五《ご》より

松は千年の長寿だが、必ず枯れるときがくる。ムクゲの花の生命は一日だけだが、美しさという栄光がある。

松樹千年終是朽
槿花一日自為栄

松の木には千年の寿命がありますが、それでもいつかは枯れるときがきます。

ムクゲの花には、朝開いて夜にはしぼむ、一日だけの生命しかありませんが、人々に美しいと愛《め》でられる栄光の瞬間があります。

松には、地味だけれど長寿であるという短所と長所があり、ムクゲの花には、美しいけれども短命であるという長所と短所があるように、誰の人生にも喜びと悲しみは同じだけあり、人と比べて、どちらが幸せかなどと考えるのは愚かなことだと、白居易《はくきょい》は言います。

長安《ちょうあん》で政界の重鎮《じゅうちん》を狙った凶悪事件が起きたとき、正義感に燃える白居易は、犯人の早期逮捕を皇帝に進言しました。しかし、白居易の行為は越権《えつけん》行為であるとの非難の声が上がり、彼は地方へ左遷されてしまいました。

右の詩句には、左遷の憂き目にあった四十四歳の白居易が、苦悶《くもん》の末にたどりついた人生の真実がつまっています。

知っておきたい言葉

槿花／ムクゲの花。朝開いて、夜しぼむ。

●地位も名誉も仕事も捨てて

余《よ》に問《と》う　何《なん》の意《い》ありてか碧山《へきざん》に棲《す》むと
笑《わら》って答《こた》えず　心自《こころおの》ずから閑《かん》なり
桃花《とうか》　流水《りゅうすい》　窅然《ようぜん》として去《さ》る
別《べつ》に天地《てんち》の人間《じんかん》に非《あら》ざる有《あ》り

——李白《りはく》「山中問答《さんちゅうもんどう》」詩

「なぜこんな緑深い山奥に住んでいるのですか」と人に尋ねられたが、私はただ微笑を返しただけで答えなかった。そうして私は、穏やかな気持ちで、川面《かわも》に浮かぶ桃の花びらが、遥か遠くへ流れ去るのを見つめていた。ここは、俗世間から切り離された別天地《べってんち》だ。

問余何意棲碧山
笑而不答心自閑
桃花流水窅然去
別有天地非人間

「あなたは、どうしてこんな山奥に住んでいるのですか」という問いかけを、李白《りはく》は笑って聞き流しました。なぜなら、山中に開かれた、この別天地《べってんち》の豊かさを、「なぜ?」と問いかけるような無粋《ぶすい》な人に、たとえ言葉をつくして説明したとしても、絶対に理解されないであろうことを、李白はよくわかっていたからです。

桃源郷《とうげんきょう》を思わせる、桃の花の舞い散る緑の山中に、自分が最も自分らしく生きられる場所を見つけた李白の充足感が、じんわりと伝わってくる名作です。

ちなみに漢文では、「人間」は常に「世の中」「世間」の意味で使われ、「にんげん」の意味で使われることはありません。訓読《くんどく》する場合は、「にんげん」と区別するために、「じんかん」と読みます。ですから、「人間万事《ばんじ》塞翁《さいおう》が馬《うま》」の「人間」も、「じんかん」と訓読します。

ところで、あなたは今、最もあなたらしく生きられる場所で暮らしていますか。

知っておきたい言葉

窅然／奥深い様。
人間／世の中。世間。

●一度きりの人生、つまらぬことにこだわるな

蝸牛角上《かぎゅうかくじょう》　何事《なにごと》をか争《あらそ》う
石火光中《せっかこうちゅう》　此《こ》の身《み》を寄《よ》す

――白居易《はくきょい》「酒《さけ》に対《たい》す　五首《ごしゅ》」詩、その二《に》より

カタツムリの角《つの》ほどの小さな世界で、何を争っているのだ。この世の旅人にすぎない人間は、火打石《ひうちいし》が発する火花ほどの短い時間しか、この世にとどまれないというのに。

蝸牛角上争何事
石火光中寄此身

「蝸牛角上　何事をか争う」は、『荘子《そうし》』中の寓話《ぐうわ》をもとにした句です。その昔、カタツムリの左の角《つの》の上には触《しょく》氏の治める国があり、右の角の上には蛮《ばん》氏の治める国がありました。両者は、領土を奪いあって激しい戦争を繰り広げ、数万人もの戦死者をだしました。

当事者はなかなか気がつきませんが、第三者の目から見れば、たいていの揉《も》めごとは、カタツムリの角の上のような、狭い世界での争いごとにすぎません。ましてや私たちは、火打石《ひうちいし》が発する一瞬の火花ほどの短い時間しかこの世にとどまれない旅人の身です。つまらぬ争いにこだわって人生を浪費したのでは、あまりにももったいないと、白居易《はくきょい》は言います。

確かに正論ですが、これは、官界を引退し、楽隠居《らくいんきょ》の身となった白居易だからこそ言える言葉です。職場や学校、地域社会などといった狭い世界で、熾烈《しれつ》な足の引っ張りあいを繰り広げている最中の現役世代が、ここまで達観《たっかん》するのは、なかなか容易ではありません。

知っておきたい言葉

蝸牛／カタツムリ。

●負け組もまた楽し

春眠《しゅんみん》　暁《あかつき》を覚《おぼ》えず
処処《しょしょ》に啼鳥《ていちょう》を聞《き》く
夜来《やらい》　風雨《ふうう》の声《こえ》
花落《はなお》つること知《し》る多少《たしょう》

——孟浩然《もうこうねん》「春暁《しゅんぎょう》」詩

春の眠りは気持ちがよすぎて、夜が明けたのにも気づかなかった。あちこちから小鳥のさえずりが聞こえてくる。昨夜は風雨の音がしていたが、庭の花はどのくらい散っただろう。

春眠不覚暁
処処聞啼鳥
夜来風雨声
花落知多少

春の暖かな日差しを浴びていると、ついうとうととしてしまい、なかなか目が覚めない。そんな気持ちでいたのは、千二百年前の中国人も同じでした。

ぽかぽかとした春の眠りがあまりに心地よかったので、つい寝過ごしてしまった孟浩然《もうこうねん》は、窓の外から聞こえてくる鳥たちの声で目を覚ましました。庭の小鳥たちは、雨上がりの空の下、ピーピーと可憐な声で鳴き交わしながら朝の挨拶をしています。「そういえば、昨夜は雨や風の音がしていたけれど、庭の満開の花々はどのくらい散っただろう」と、暖かな布団《ふとん》にくるまったまま、暢気《のんき》に花の心配をする孟浩然でした。

四十歳で科挙《かきょ》（日本の国家公務員総合職試験のようなもの）受験に失敗した孟浩然は、故郷へ帰って隠遁《いんとん》生活を送りました。眠りたいときに眠り、起きたいときに起きる生活は、孟浩然が、官界での立身出世という男子一生の夢と引き換えに手に入れた、貴重な自由でした。

知っておきたい言葉

処処／あちこち。
多少／どのくらい。数量を尋ねる疑問詞。

●探しているものは目の前にあるかもしれない

菊《きく》を採《と》る東籬《とうり》の下《もと》
悠然《ゆうぜん》として南山《なんざん》を見《み》る

――陶潜《とうせん》「飲酒《いんしゅ》」詩、その五《ご》より

東の垣根《かきね》の辺《あた》りで菊の花を摘《つ》み、ゆったりした気分で
南山を眺《なが》めた。

役人生活を辞め、隠者のような生活をしていた陶潜《とうせん》（陶淵明《とうえんめい》とも呼ばれる）は、ある日、村人から、「あなたは隠者なのに、なぜ山中で暮らさずに、騒がしい人里《ひとざと》で暮らしているのですか」と尋ねられました。すると陶潜は、静かにこう答えました。「心が世俗から遠く離れていれば、人里で暮らしていても、山中で暮らすのと同じような静かな生活が送れるのですよ」と。

村人との立ち話を終えた陶潜は、庭先を散策中、垣根《かきね》の辺《あた》りに菊の花が咲いているのに気がつきました。腰をかがめて菊を一輪手折《たお》り、ゆっくり顔を上げると、陶潜の目の前に、南山がゆったりとそびえていました。夕焼けに紅《あか》く染まった南山を眺《なが》めながら、陶潜は、「この風景の中にこそ、人生の真実がある」と直感しましたが、それを言葉で表現しようと思った瞬間、言葉を失っている自分に気づきました。

「菊を採る東籬の下、悠然として南山を見る」句には、陶潜が見出した本当の人生がつまっています。

採菊東籬下
悠然見南山

知っておきたい言葉

籬／竹や柴で編んだ垣根《かきね》。

●閑職もまたよし

遺《い》愛《あい》寺《じ》の鐘《かね》は枕《まくら》を欹《そばだ》てて聴《き》き
香《こう》炉《ろ》峰《ほう》の雪《ゆき》は簾《すだれ》を撥《かか》げて看《み》る

――白居易《はくきょい》「香炉《こうろ》峰下《ほうか》　新《あら》たに山居《さんきょ》を卜《ぼく》し　草堂初《そうどうはじ》めて成《な》り　偶《たまたま》　東壁《とうへき》に題《だい》す」詩より

遺愛寺の鐘の音《ね》は、枕を斜《なな》めにずらして聞き、香炉峰の雪は、簾を跳《は》ね上げて眺《なが》める。

地方に左遷されて鬱々《うつうつ》とした日々を過ごしていた白居易《はくきょい》は、四十六歳のとき、香炉《こうろ》峰《ほう》の麓《ふもと》に小さな別荘を建てました。

日々、時間に追われて働く仕事人間にとって、起床時間を気にしなくともよい睡眠は、何ものにも代えがたい至福の時間です。

長安《ちょうあん》では、忙しく張りつめた日々を過ごしていた白居易も、左遷先に建てた、この別荘では、日が高くなるまでゆったりと眠り、それでも起きるのが億劫《おっくう》なときは、布団《ふとん》の中に横たわったまま、遺愛《いあい》寺《じ》の鐘の音《ね》を聞いたり、香炉峰の雪景色を眺《なが》めたりして過ごすことができました。

中央の政界を追われた心の傷は、まだ完全には癒《い》えていませんでしたが、考えようによっては現在の閑職も、年老いた自分には案外、似合いの職場かもしれないと思えるまでになりました。

自然に囲まれた別荘の中で、見失いかけていた本当の自分を取り戻しつつある白居易の姿が、ここにあります。

遺愛寺鐘欹枕聴
香炉峰雪撥簾看

知っておきたい言葉

欹枕／枕を斜《なな》めにずらす。

●山のように生きたい？

知者《ちしゃ》は水《みず》を楽《たの》しみ、
仁者《じんしゃ》は山《やま》を楽《たの》しむ。

――『論語《ろんご》』雍也《ようや》篇（孔子《こうし》の言葉）より

理知的な人は、とうとうと流れる水を好み、情愛の深い人は、どっしりと落ちついた山を好む。

知者楽水、仁者楽山。

知識欲旺盛《おうせい》な知者《ちしゃ》と博愛精神に富んだ仁者《じんしゃ》とでは、生き方に違いがあると孔子《こうし》は言います。そして、右の言葉に続けて孔子は、「知《ち》者《しゃ》は動《うご》き、仁者《じんしゃ》は静《しず》かなり。知者《ちしゃ》は楽《たの》しみ、仁者《じんしゃ》は寿《いのち》ながし」（知者は動的であるが、仁者は静的である。知者は活動的に人生を楽しむが、仁者は穏やかに人生を過ごすので長寿である）と述べています。

つまり、水を好む知者は、サラサラと流れて一時《いっとき》も停滞しない川のような生活を好むので、変化に富んだ楽しい人生を送ることができるのに対し、山を好む仁者は、どっしりと動かぬ山のように、静かで落ちついた生活を好むので、知者よりも長生きすると、孔子は言います。

知者も仁者も、人間としては上等の部類に属しますが、古代中国の人々の人生最大の望みが不老長寿にあったことを思えば、孔子が人間として最高の生き方だと考えていたのは、長寿を約束された仁者の生き方だったに違いありません。

知者と仁者、あなたはどちらの生き方に、より共感を覚えますか。

知っておきたい言葉

知者／智者。物ごとの道理をよくわきまえた理知的な人。

仁者／仁愛にあふれた情け深い人。

白居易は、唐代の村上春樹だ⁉

今、中華圏では、村上春樹《むらかみはるき》氏の小説が若者たちの熱い支持を集めています。台湾から香港へ、香港から中国大陸へと拡大した村上春樹ブームは、「非常村上」（とっても村上春樹）という流行語まで生み、処女作から最新作までが、幅広く読まれています。

村上春樹氏を現代日本を代表する国際的作家だとするなら、白居易《はくきょい》は唐《とう》王朝を代表する国際的詩人でした。白居易の詩は遣唐使《けんとうし》によって日本に持ち込まれたため、白居易はその存命《ぞんめい》中から、日中双方に多くの愛読者をもっていた、当時としては極《きわ》めて稀《まれ》な詩人でした。

平安貴族たちが特に好んだのは、玄宗《げんそう》皇帝と楊《よう》貴《き》妃《ひ》の悲恋をロマンチックに描いた「長恨歌《ちょうごんか》」詩や、六十四ページに掲載した「遺《い》愛寺《あいじ》の鐘《かね》は枕《まくら》を欹《そばだ》てて聴《き》き、香炉峰《こうろほう》の雪《ゆき》は簾《すだれ》を撥《かか》げて看《み》る」といった風雅な詩句の数々でした。

『枕草子《まくらのそうし》』には、雪の日に「香炉峰の雪はどうかしら」と尋ねた中宮定子《ちゅうぐうていし》への答えとして、清《せい》少納言《しょうなごん》が黙って御簾《みす》を巻き上げて見せ、周囲の人々の賞賛を浴びたというエピソードが記されていますが、平安貴族の間では、こんな謎かけゲームが成立するほど、白居易の詩は浸透していました。

それにしても、自分の手柄話《てがらばなし》をぬけぬけと自著に記す清少納言は、ちょっといただけません。現代なら、女性週刊誌の「女に嫌われる女No.1」に選ばれること間違いなしです。

第三章
とかくこの世は…

●自分の力を過信していない？

学《まな》びて然《しか》る後《のち》に足《た》らざるを知《し》り、
教《おし》えて然《しか》る後《のち》に困《くる》しむを知《し》る。

――『礼記《らいき》』学記《がくき》篇より

勉強してみて、初めて自分の知識不足がわかり、人に教えてみて、初めて自分の力不足がわかる。

勉強して初めて、自分がいかに無知だったかに気づいたという経験は、誰にでもあるはずです。しかし、勉強しない人は、自分の無知になかなか気づくことができません。

いつも自信満々で、自分は何でも知っているという顔をしている人をよく見かけますが、ただの愚か者にすぎないと、こういう人は、『礼記《らいき》』はいいます。本当に勉強している人は自分の力がよくわかっているので、「ここまではわかるけれど、ここから先はわからない」というものです。

後半の、人に教えてみて初めて、自分の力不足がわかるというのは、人に何かを教えたことのある人なら誰もが思い当たる経験でしょう。十分に準備をして授業に臨《のぞ》んだのに、学生の思いがけない質問に立ち往生した経験が私にも幾度かあります。人に教えるためには、教える内容の何倍も深く勉強しておかなければならないのだということを、私も日々の授業の中で痛感している一人です。

学然後知不足、
教然後知困。

知っておきたい言葉

然後／そののち。その後で。接続詞。
困／苦しむ。困る。

●学ぶだけでもダメ。偏見だけでもダメ

学《まな》びて思《おも》わざれば則《すなわ》ち罔《くら》し。
思《おも》いて学《まな》ばざれば則《すなわ》ち殆《あや》うし。

――『論語《ろんご》』為政《いせい》篇（孔子《こうし》の言葉）より

知識を学ぶことだけに専念《せんねん》して、自分の頭で考えようとしない者は、真理に到達することができない。先人の研究成果を学ぶことなく、自分の浅はかな考えだけで結論を出そうとする者は危険である。

仕事であれ、趣味であれ、何かを習得しようとするとき、私たちは、学校へ通ったり、本を読んだりして勉強しようとしますが、知識をつめ込むばかりで、学んだ内容について自分で考えようとしない人は、結局、何一つ身につきません。

逆に、自分の乏しい経験や浅薄《せんぱく》な知識を寄せ集めただけで、すべてがわかったような気になってしまい、書物や授業を通して、先人が積み重ねてきた貴重な知識や技術を活用しようとしない人も、大成することができません。なぜなら、そういう人は独断と偏見《へんけん》に陥る危険性が高いからです。

こう解釈すると、右の孔子《こうし》の言葉は、しごく当然のことを言っているように見えますが、学習と思考を両方ともバランスよく行っている人は、実はそれほど多くありません。会話に深みのない人や、偏見に満ちた発言をする人は、学習と思考のどちらかが足りない人です。あなたの周りに、そういう人はいませんか。

学而不思則罔。
思而不学則殆。

知っておきたい言葉

学／学習する。
思／思考する。
罔／網をかぶせたように、暗くて、よく見えないこと。
殆／危険である。

●謙虚になって自分を見つめ直そう

人《ひと》の己《おのれ》を知《し》らざるを患《うれ》えず、人《ひと》を知《し》らざるを患《うれ》うるなり。

――『論語《ろんご》』学而篇《がくじ》（孔子《こうし》の言葉）より

他人が自分の実力を認めてくれないことを気にするな。自分が他人の実力を十分に理解していないことをこそ苦にせよ。

不患人之不己知、患不知人也。

自分の実力が世間に認められないことに不満をつのらせている人は、いつの世にもごまんといるらしく、孔子《こうし》は『論語《ろんご》』の中で何度も右と同様の発言を繰り返して、自省を促《うなが》しています。

たとえば里仁《りじん》篇では、「己《おのれ》を知《し》るもの莫《な》きを患《うれ》えず、知《し》るべきを為《な》さんことを求《もと》むるなり」（人が自分の実力を認めてくれないのを気にする前に、人に実力を認めてもらえるよう努力せよ）と諌《いさ》め、憲問《けんもん》篇では「人《ひと》の己《おのれ》を知《し》らざるを患《うれ》えず、己《おのれ》の能無《のうな》きを患《うれ》うるなり」（人が自分の実力を認めてくれないのを気にするな、自分に認められるだけの実力がないことをこそ苦にせよ）と諌めています。

将来に展望が開けないときは、つい功を焦って、「私にはこんなに実力があるのに、世間はなぜ認めてくれないのだろう」と、声高《こわだか》に主張したくなるものですが、そういうときは一呼吸おいて、もう一度謙虚《けんきょ》に自分を見つめ直してみなさいと、孔子は繰り返し説いています。

自戒の言葉として、常に胸にとどめておきたい一句です。

知っておきたい言葉

患／くよくよする。気にする。苦にする。

●勉強は誰のためにする？

古《いにしえ》の学者《がくしゃ》は己《おのれ》の為《ため》にし、今《いま》の学者《がくしゃ》は人《ひと》の為《ため》にす。

――『論語《ろんご》』憲問篇《けんもん》（孔子《こうし》の言葉）より

昔の人は、自分の内面を充実させるために勉強をしたが、今の人は、他人に認められたいがために勉強をしている。

「僕たちは、何のために勉強しているのですか」。高校入試が迫ったある日、クラスメートの一人が担任教師にそうつめ寄ったことがありました。担任教師は日頃から、人生や友情について熱く語る人でしたから、この質問にも、きっと鮮やかな答えが返ってくるものと、クラスの誰もが固唾《かたず》をのんで聞き耳を立てました。が、担任教師の答えは、「勉強は中学生の仕事だから」「義務教育は権利であると同時に義務でもあるから」というもので、勉強の真の目的を教えてくれるものではありませんでした。

時は過ぎ、私の心に引っかかった、この素朴な疑問に答えを与えてくれたのは『論語《ろんご》』でした。「人に認められたいためにする勉強は、本当の勉強ではありません。勉強すればするほど心が豊かになるような、そんな自分のための勉強をしなさい」と、孔子《こうし》は言います。あのとき、勉強は人生を豊かにするものだと、担任教師が教えてくれていたら、十五歳の春は、もう少し違ったものになっていたかもしれません。

古之学者為己、
今之学者為人。

知っておきたい言葉

学者／学問をする人。

●貧しくともプライドを

貧《ひん》にして怨《うら》むこと無《な》きは難《かた》く、富《と》みて驕《おご》ること無《な》きは易《やす》し。

――『論語《ろんご》』憲問《けんもん》篇（孔子《こうし》の言葉）より

貧乏人が世の中を恨《うら》まないようにするのは難しいが、金持ちが驕らないようにするのは、それほど難しいことではない。

貧而無怨難、
富而無驕易。

時々、「お金で買えないものはない」と豪語する人がいますが、労働力はお金で買えても、人の心まではお金で買えません。

お金の魔力は強力で、時々、こんな簡単なことすら、わからなくしてしまう力をもっていますが、ある程度の教養人なら、少々小金をもったとしても、驕《おご》り高ぶることなく、謙虚《けんきょ》に生きることは、それほど難しいことではないと、孔子《こうし》は言います。

しかし、「衣食足《いしょくた》りて礼節《れいせつ》を知《し》る」という言葉があるように、生活の基本である衣食住にも困っている人が、自分より豊かな生活を送る人を妬《ねた》んだり、自分に貧困生活を強いる世の中を恨《うら》んだりするのは避けようのないことだと、孔子は言います。

貧しくとも、プライドをもって生きることは、教養人であっても、なかなか難しいものです。

所得格差の拡大が心配されている現在、私たちは改めて孔子の言葉の重みを噛《か》みしめる必要がありそうです。

●不惑を過ぎても迷っているようじゃね

年《とし》四十《しじゅう》にして悪《にく》まるるは、
其《そ》れ終《お》わらんのみ。

――『論語《ろんご》』陽貨《ようか》篇（孔子《こうし》の言葉）より

四十歳にもなって、人から憎《にく》まれているような人は、
結局、その程度で終わる人だ。

七十三歳でこの世を去った孔子《こうし》は、晩年に人生を振り返って、「四十《しじゅう》にして惑《まど》わず」（『論語《ろんご》』為政《いせい》篇）と語りました。四十歳で、世の中の仕組みや人の心の内側がよく見えるようになった孔子は、権力や財力、誘惑や甘言《かんげん》などに惑《まど》わされることなく、自信をもって、自分の信じる道を歩めるようになりました。

そして孔子は、「年四十にして悪まるるは、其れ終わらんのみ」と語って、人生に迷いがなくなるべき「不惑《ふわく》」の年齢―四十歳―になってもまだ、地位や名誉、金銭や権力などに執着して、人に恨《うら》まれているような人間は、この先、どんなに長生きしても成長の見込みのない馬鹿者だと、世の不甲斐《ふがい》ない四十代を一喝《いっかつ》しました。孔子は、『論語』子罕《しかん》篇の中でも、「四十五十《しじゅうごじゅう》にして聞こゆるなきは、斯《こ》れ亦《ま》た畏《おそ》るるに足らざるなり」（四、五十歳になっても、たいした業績が挙げられないような者は、先の見込みがないから、恐れる必要はない）と語っています。四十歳を過ぎた者には耳の痛い言葉です。

年四十而見悪焉、其終也已。

知っておきたい言葉

見／受身を表す。～れる。
悪／憎む。
終／終わる。物ごとの最終段階までいきつくこと。

●良薬は口に苦し

貌言《ぼうげん》は華《か》なり。
至言《しげん》は実《じつ》なり。
苦言《くげん》は薬《くすり》なり。
甘言《かんげん》は疾《やまい》なり。

――司馬遷《しばせん》『史記《しき》』商君列伝《しょうくんれつでん》より

飾り立てた言葉には花はあっても実がないが、真実を言い当てた言葉には実がある。耳に痛い忠告は薬になるが、耳に心地《ここち》よい甘い言葉は病気のもとである。

貌言華也。
至言実也。
苦言薬也。
甘言疾也。

戦国時代の秦《しん》の宰相、商君《しょうくん》は、賢者に助言を請《こ》うとき、こう言いました。「ハッとするような大げさな表現や、うっとりするような褒《ほ》め言葉には、人を引きつける力がありますが、往々にして中身のない話であることが多いものです。それに比べて、真実をズバリと言い当てた愚直な言葉には、人を引きつける華やかさはありませんが、聞く者を納得させるに足る中身がギュッとつまっています。また苦言《くげん》には、自分の悪いところを矯正《きょうせい》してくれる薬のような効き目がありますが、甘言《かんげん》には人の身体をじわじわと蝕《むしば》む病原菌のような作用があります。私は聞く耳をもっているので、遠慮なく意見を言ってください」と。

これだけ聞いていると、商君はなかなかできた人物のように思えますが、実際には商君もやはり、賢者の苦言を素直に聞き入れることができませんでした。そして、右の発言の数か月後に、政変によって殺害されました。

良薬は、いつの時代も口に苦いようです。

知っておきたい言葉

貌言／うわべだけを飾り立てた空疎《くうそ》な言葉。
華／花のこと。
至言／物ごとを的確に言い表した言葉。
疾／病気。疾病《しっぺい》。

●口先だけで信用されようなんて、無理というもの

巧言令色《こうげんれいしょく》、鮮《すく》なし仁《じん》。

――『論語《ろんご》』学而篇《がくじ》（孔子《こうし》の言葉）より

お世辞を言ったり、媚《こ》びたりする人に、誠実な人は少ない。

「巧言令色、鮮なし仁」という言葉を一度も聞いたことがないという日本人は、少ないのではないでしょうか。孔子《こうし》の時代から二千五百年もの間、右の言葉が使われ続けているのは、今も昔も、おべっか使いのお追従《ついしょう》に、心底うんざりした経験をもつ人が、大勢いるからに違いありません。

実は私、理由はよくわからないのですが、会うたびに、歯の浮くような褒《ほ》め言葉を山ほど言う人につきまとわれて、ほとほと困った経験があります。「凄《すご》いですね」「羨《うらや》ましいわ」「見習いたいわ」等々のお世辞も、最初は親しくなりたい気持ちの表れだと思って聞き流していたのですが、愚《ぐ》にもつかないお追従を聞かされ続けているうちに、ノイローゼになりそうになり、相手の目的は私を精神的に参らせることにあるのではないかと勘ぐったほどでした。

適度なお世辞は社会の潤滑油《じゅんかつゆ》ですが、過度なお世辞やお追従は、不誠実という名の罪です。

巧言令色、鮮矣仁。

知っておきたい言葉

巧言／お世辞がうまいこと。
令色／媚《こ》びるような表情や態度。
鮮／少ない。めったにない。
仁／誠実で慈愛に満ちた嘘偽《うそいつわ》りのない心。

●本当に、兄弟は他人の始まり？

豆《まめ》を煮《に》るに豆萁《まめがら》を燃《や》く
豆《まめ》は釜《かま》の中《なか》に在《あ》りて泣《な》く
本《もと》是《こ》れ同根《どうこん》より生《しょう》ぜしに
相《あい》煎《に》ること何《なん》ぞ太《はなは》だ急《きゅう》なる

——曹植《そうち》「七歩《しちほ》の詩《し》」詩

鍋《なべ》の下では豆の茎《くき》が燃え、鍋の中では豆が煮られて泣いている。豆も豆の茎も、もとは同じ根から生まれた兄弟同士なのに、豆の茎はどうしてこんなにも激しく豆を苦しめるのだろう。

『三国志《さんごくし》』で有名な魏《ぎ》の曹操《そうそう》の息子の曹丕《そうひ》と曹植《そうち》は、あまり仲のよい兄弟ではありませんでした。

詩人としての才能にあふれた弟の曹植は、父であり、皇帝でもあった曹操から深く愛されましたが、曹操の死後、皇帝の位を継いだ兄の曹丕は、父王に愛された弟の曹植が憎《にく》くてたまりませんでした。

そこで曹丕は、ある日、曹植に向かって、「今から七歩、歩くうちに詩を作れ。さもなければ、おまえを死刑に処す」と通告しました。曹植は、即座に右の詩を作り、豆と同じ根から生まれた豆の茎《くき》が、燃えて豆を煮る姿にたとえて、兄の仕打ちに抗議しました。詩を読んだ曹丕は、自《みずか》らの心の狭さを深く恥じたと伝えられています。

曹丕・曹植兄弟ほど激しくはなくとも、兄弟姉妹の間には、大なり小なり、競争心や嫉妬《しっと》心が介在するものです。右の詩が、兄弟姉妹をもつすべての人の胸に棘《とげ》のように突き刺さるのは、心の奥底に秘めたそうした負の感情を刺激するからに違いありません。

煮豆燃豆萁
豆在釜中泣
本是同根生
相煎何太急

知っておきたい言葉

豆萁／豆の実をとった後に残った茎や枝。

釜／食物を煮炊きする大鍋《おおなべ》。

●人は一瞬しか生きられない時間の旅人

天地《てんち》は万物《ばんぶつ》の逆旅《げきりょ》にして、光陰《こういん》は百代《ひゃくだい》の過客《かかく》なり。

――李白《りはく》「春夜桃李園《しゅんやとうりえん》に宴《えん》するの序《じょ》」より

天と地は、万物が一夜を過ごす旅館であり、時間は天地の間を旅する永遠の旅人である。

満開の桃や李《すもも》の花が灯火《ともしび》に美しく照らし出された春の夜の庭で、李白《りはく》は親族と共に宴会を楽しみました。人生を旅に生きた李白にとって、肉親と共に過ごす春の夜の楽しさは、何ものにも代えがたい貴重なものでした。

「生命に限りのある人間は、この世の短期旅行者にすぎず、天と地は、旅人である人間の旅館にすぎない。永遠の生命をもつ時間と比べれば、たかだか百年しか生きられない人間の人生など、短くはかない一夜の夢のようなものだ。だからこそ、この楽しく貴重な春の夜の宴を思う存分味わいつくそうじゃないか」と、李白は皆に呼びかけました。人生を旅と思い定めた李白が開いた、切なくも美しい夜の宴でした。

余談になりますが、李白同様、旅に生きた俳人《はいじん》、松尾芭蕉《まつおばしょう》は、こうした李白の人生観に強く共感した一人でした。彼の代表作『奥《おく》の細道《ほそみち》』の有名な冒頭句「月日《つきひ》は百代《はくたい》の過客《かかく》にして、行《ゆ》きこう年《とし》も又旅人也《またたびびとなり》」は、右の李白の言葉を下敷きにしたものです。

天地者万物之逆旅、
光陰者百代之過客。

知っておきたい言葉

万物／天地の間に存在するすべてのもの。
逆旅／旅館。
光陰／時間。
百代／永遠。
過客／旅人。

●去年一緒に花見をしたあの人はもういない

年年歳歳《ねんねんさいさい》　花相似《はなあいに》たり
歳歳年年《さいさいねんねん》　人同《ひとおな》じからず

――劉希夷《りゅうきい》「白頭《はくとう》を悲《かな》しむ翁《おきな》に代《か》わる」詩より

花は毎年、同じように咲くけれど、花を愛《め》でている人は、毎年同じではない。

年年歳歳花相似
歳歳年年人不同

人間は、永遠に生きることはできません。ひょっとしたら、これが人生最後の花見になるかもしれないと覚悟する日が、いずれ誰の身にも訪れます。

花は、去年と同じように今年も美しく咲き誇り、花の周囲には、去年と同じように、大勢の人々がつめかけています。誰の目にも、花見の風景は毎年、同じように見えますが、去年、花見に来た人の何人かはすでに故人となり、今年はもう、花見の列に加わっていません。

いつも変わらぬように見えるこの世の裏側で、実はほんの少しずつ人間の入れ替えが行われていることを、劉希夷《りゅうきい》は「年年歳歳　花相似たり、歳歳年年　人同じからず」という、見事な対句で表現してみせました。

人生とは残酷なもので、右の対句を作った劉希夷は、その一年後に、何者かに殺害されてしまいました。言霊《ことだま》という言葉を思い出さずにはいられない、衝撃的な最期でした。

●幸せすぎると、何だか怖くなるのはなぜだろう

歓楽極《かんらくきわ》まりて哀情多《あいじょうおお》し
少壮《しょうそう》 幾時《いくとき》ぞ 老《お》いを奈何《いかん》せん

――漢《かん》の武帝《ぶてい》「秋風《しゅうふう》の辞《じ》」より

幸せが頂点に達すると、かえって胸の内に悲しみがわいてくる。若くて元気でいられる時間は、後どのくらい残っているだろう。やがてくる老いをどう受けとめたらよいのだろう。

国土を西域《せいいき》やベトナム、朝鮮半島にまで広げ、漢《かん》王朝を強大な世界帝国に育て上げた武帝《ぶてい》は、ある日、黄河《こうが》の支流に船を浮かべて宴会を催《もよお》しました。空には心地《ここち》よい秋風が吹き、船の横腹に打ち寄せる黄河の水が、白い波しぶきを上げていました。

船上で奏でられる美しい音楽に耳を傾けながら、廷臣《ていしん》たちと楽しく酒を飲んでいた武帝は、突然、言いようのない物悲しさに心をしめつけられました。

頂点を極《きわ》めてしまえば、後は下るしかありません。皇帝といえども人間である以上、この世に永遠に生き続けることはできません。苦労の末に手にした強大な権力も、贅《ぜい》を極めた日々の生活も、すべては生きている間だけの借り物にすぎないことに気づいた武帝は、秋風に吹かれながら、失うことの恐怖に怯《おび》えたのでした。

「歓楽極まりて哀情多し」は、幸せの絶頂に立つ人間の悲しみを見事に言い表した名句です。

歓楽極兮哀情多
少壮幾時兮奈老何

知っておきたい言葉

歓楽／喜び楽しむこと。快楽。
兮／リズムを整えるためのもので、意味はない。
奈何／どうしたらよいのか。疑問を表す。「如何」と同じ。

十四世紀の買い物指南書

　中華圏で買い物をするときは、「安いと思っても、一度は必ず値切ってみよ」というのが、ガイドブック等に書かれた買い物心得ですが、日本人観光客の心理を研究しつくした商売のプロたちが、そんな付焼刃《つけやきば》のテクニックにひるむはずがありません。

　香港の外国人観光客相手の店では、日本人が「安くしてください」と言ったとたん、いきなり「半額！」まで値を下げます。たいていの日本人は、この意表《いひょう》をついた値下げ攻勢に気圧《けお》されて、買わざるをえなくなるのですが、これなど、値段交渉に不慣《ふな》れな日本人の心理をついた、何とも巧みな作戦です。

　ちなみに私がある店で、どこまで値下げできるか試したところ、最終的には最初の言い値の六分の一まで値下がりしました。さすがは香港商人！腹の据わり方が違います！

　貿易のために元《げん》と高麗《こうらい》を往来《おうらい》していた高麗商人たちも、海千山千《うみせんやません》の中国商人との商談にかなり手を焼いていたようで、高麗商人のための中国語会話の教科書『老乞大《ろうきつだい》』には、中国商人との商談の進め方や注意点などが場面別に詳《くわ》しく記されています。

　曰《いわ》く、「取引前に必ず現地の相場を調べよ」「偽札《にせさつ》をつかまぬよう用心せよ」「商品の長さや重量は必ず自分で確かめよ」「言い値は嘘、本当の値段は支払い金額だ」等々。高麗商人の悪戦苦闘ぶりが伝わってくるような例文続出です。

「一」は宇宙の始まり

イタリアの科学者、ガリレオ・ガリレイは宗教裁判で有罪判決を受けた後も自説を曲げることなく、「それでも地球は動いている」とつぶやいたそうですが、中国には最後まで地動説《ちどう》を唱える学者が生まれませんでした。

それでは古代の中国人たちは宇宙をどのようにとらえていたかというと、天はお椀《わん》をかぶせたようなドーム形をしており、大地はドームの下に四角く広がっていると考えていました。

古代、中国人の身の回りには、大地の形を真似《まね》て四角形にかたどられ、宇宙や世界の象徴性を刻印《こくいん》されたものが、たくさんありました。

中国の都市は皆、大地の形を真似た四角形をしていましたが、知識人たちは、この四角い街の中に建てた四角い家の中で、四角い机に向かい、四角い漢字で、この世の森羅万象《しんらばんしょう》を書きとめようとしました。

「空」「海」「喜」「悲」というように、古代の中国人たちは、この世のありとあらゆるものや感情に一つずつ漢字を当てはめ、漢字によって宇宙を再現しようとしました。漢和辞典には、この世のすべてが、つまりは宇宙全体が、漢字の姿を借りてつめ込まれていますが、そうした漢和辞典が数字の「一」から始まっているのは、「一」が宇宙の始まりを表しているからです。

ちなみに、古代中国の哲学書『老子《ろうし》』には、「道《みち》は一《いち》を生《しょう》じ、一《いち》は二《に》を生《しょう》じ、二《に》は三《さん》を生《しょう》じ、三《さん》は万物《ばんぶつ》を生《しょう》ず」と記されています。

●私を捨てる者に何を言えばいいのだろう

我《われ》を棄《す》てて去《さ》る者《もの》は昨日《きのう》の日《ひ》にして留《とど》む可《べ》からず
我《わ》が心《こころ》を乱《みだ》す者《もの》は今日《きょう》の日《ひ》にして煩憂《はんゆう》多《おお》し

――李《り》白《はく》「宣州《せんしゅう》の謝朓楼《しゃちょうろう》にて校書叔雲《こうしょしゅくうん》に餞別《せんべつ》す」詩より

私を捨てて去ってゆくのは、昨日という時間。引き止める術もない。私の心を乱すのは、今日という時間。心の中にわき上がる悲しみや不安をおしとどめる術もない。

棄我去者
昨日之日不可留
乱我心者
今日之日多煩憂

自由を愛し、権威に屈することを嫌った李白《りはく》は、四十四歳のとき、朝廷を追放されてしまいました。右は、その十年ほど後に作られた句ですが、地方を転々とする不遇の日々の連続に、さすがの李白も焦りを感ぜずにはいられなかったのでしょう。昨日から今日、そして明日へと、絶え間なく時が流れるように、胸の内に、怒りや悲しみ、後悔や焦りなどの感情が切れ目なくわき上がってきて、心の休まるときがないと、李白は告白しています。

ところで、李白を捨てて去っていったのは、本当に「昨日の日」だけだったのでしょうか。人は誰でも、人生の様々な局面で「我を棄てて去る者」と出会い、絶望を味わいながら生きています。信じていた友達が、突然、自分に背を向けた、幼い日のあの衝撃は、実は人生の第一歩にすぎなかったことに、人はやがて気づきます。

心の中でそっと、右の句をつぶやいてみてください。怒りや悲しみといった負の感情が、マグマのように噴出するのに気づくはずです。

●あふれ出る迷いや怒りは私のどこから出てくるのだろう

刀《かたな》を抽《ぬ》きて水《みず》を断《た》てば水更《みずさら》に流《なが》れ
杯《さかずき》を挙《あ》げて愁《うれ》いを消《け》せば愁《うれ》い更《さら》に愁《うれ》う

――李白《りはく》「宣州《せんしゅう》の謝朓楼《しゃちょうろう》にて校書叔雲《こうしょしゅくうん》に餞別《せんべつ》す」詩より

流れる水を刀で断ち切ろうとしても、水はサラサラと流れ続けるように、酒で憂《う》さを晴らそうとしても、悲しみは次から次へとわき上がってくる。

抽刀断水水更流
挙杯消愁愁更愁

自分の心の内にある、得体の知れない感情に言葉が与えられた瞬間、その全体像が、はっきりと見えることがあります。

たとえば、心の中に、重くてどす黒い屈託《くったく》がどっしりと根を張っており、そこから一つ、また一つと、らちもない悲しみや迷いが浮かび上がってきては心をかき乱す。そんな気持ちになったことはありませんか。

心に浮かんだ、迷いの一つ一つ、怒りの一つ一つに、むりやり答えをひねり出し、もうこれ以上は考えまいと決意するそばから、また新たな悲しみ、新たな迷いがわき上がってきて疲労困憊《こんぱい》してしまう。

凡人なら、「心の中がモヤモヤする」と表現するので精一杯な、そんなあやふやな感情を、李白は、「刀を抽きて水を断てば水更に流れ、杯を挙げて愁いを消せば愁い更に愁う」と表現しました。

感情というあいまいなものを、短い言葉で見事にとらえ、具象化した名句です。

●愚痴を聞いてほしい。心が少し軽くなるから

無《む》限《げん》の心中不平《しんちゅうふへい》の事《こと》
一宵《いっしょう》の清話《せいわ》　又《また》空《くう》と成《な》る

——李渉《りしょう》「重《かさ》ねて文上人《ぶんしょうにん》の院《いん》に過《よぎ》る」詩より

世の中を渡り歩いているうちに、胸の内にたまった不平不満の数々が、文上人の清らかな話を聞いているうちにすっかり消えてしまった。

無限心中不平事
一宵清話又成空

忙しい毎日を送っていると、一日の大半を過ごす職場が世界のすべてであるかのような錯覚に陥ることがあります。部下を踏みつけにして平然としている横柄な上司や、そんな上司に恥じらいもなくおもねる同僚たち。本当は、人間として誰もが抱える弱い面を見せているだけの上司や同僚らの言動が、過労で視野の狭くなった者の目には、許しがたい巨悪に見えてしまう。このときの李渉《りしょう》も、ちょうどそんな追いつめられた心境だったのかもしれません。

敬愛する文上人《ぶんしょうにん》の僧院を三年ぶりに訪問した李渉は、上人と語りあっているうちに、あれほど頑《かたく》なになっていた自分の心が、いつの間にか解きほぐされ、爽《さわ》やかさに包まれていることに気づきました。三年分の不平不満を一晩で氷解《ひょうかい》させてしまう文上人の「清話《せいわ》」とは、どんな内容だったのか。かなうことなら私も、文上人の清話に耳を傾けてみたい衝動に駆られますが、ここはひとまず、詩句を通して伝わってくる、清々《すがすが》しい境地のおすそ分けにあずかるだけでよしとしましょう。

知っておきたい言葉

上人／僧侶に対する敬称。
清話／世俗を超絶した風雅で高尚な話。清談。

●いつかは夢を諦《あきら》めなければならないときがくる

名《な》は豈《あ》に文章《ぶんしょう》もて著《あらわ》れんや
官《かん》は応《まさ》に老病《ろうびょう》にて休《や》むべし
飄飄《ひょうひょう》　何《なん》の似《に》る所《ところ》ぞ
天地《てんち》　一沙鷗《いちさおう》

——杜甫《とほ》「旅夜《りょや》に懐《かい》を書《しょ》す」詩より

男たるもの、文学で名声を得てもしかたがない。政治の世界で名を挙げてこそと思うのだが、高齢なうえに病気ときては、官職に就くことを諦《あきら》めざるをえない。あてどのない旅を続ける私を何かにたとえるとしたら、天と地の間をさまよう一羽のカモメかもしれない。

杜甫《とほ》は五十四歳のとき、家族と共に小船に乗り、安住の地を求めて、長江《ちょうこう》を下る放浪の旅に出ました。

この頃、杜甫はすでに詩人としてかなり有名になっていましたが、自分が世間から詩人としてしか認められていないことに、強い不満を感じていました。

確かに詩作は、杜甫の大好きな仕事の一つでしたが、杜甫には若い頃から胸に秘めてきた大きな夢がありました。それは、いつの日か政治家としての手腕を振るって、この世に理想の社会を実現するという壮大な夢でした。しかし現実には、忍び寄る老いと病とによって、杜甫の夢は実現不可能になりつつありました。

夢を見失いかけた杜甫の目には、長江の岸辺を飛ぶちっぽけな一羽のカモメの姿が、広大な中国大陸をさまよう、老いた自分の姿と重なって見えました。

なんとも孤独で切ない心象風景です。

名豈文章著
官応老病休
飄飄何所似
天地一沙鷗

知っておきたい言葉

豈／どうして～だろうか。反語。
飄飄／あてもなくさまよう様。
沙鷗／砂浜にいるカモメ。

●絶望は心と体を冷たくする

長安《ちょうあん》に男児《だんじ》有《あ》り
二十《はたち》にして心《こころ》已《すで》に朽《く》ちたり

――李賀《りが》「陳商《ちんしょう》に贈《おく》る」詩より

長安に一人の男がいた。その男の心は、まだ二十歳の若さだというのに、すでに朽ち果てていた。

長安有男児
二十心已朽

十代の頃から天才詩人として名を馳《は》せていた李賀《りが》は、二十歳《はたち》のとき、科挙《かきょ》受験のために意気揚々と長安へ出てきました。しかし、出る杭《くい》は打たれるの諺《ことわざ》どおり、李賀の才能に嫉妬《しっと》した者たちの横槍《よこやり》によって、李賀は科挙の受験資格を剥奪《はくだつ》されてしまいました。李賀が、右の詩句のすぐ後に、「祇今《ただいま》　道《みち》　已《すで》に塞《ふさ》がる」と記しているように、当時、科挙を受験できないということは、出世の道が永遠に閉ざされたことを意味していました。が、人並みはずれてプライドの高い李賀にとって、それは受け入れがたい重い現実でした。「長安に男児有り、二十にして心已に朽ちたり」句には、当時の李賀の深い絶望が刻印されています。

　かくして、あふれんばかりの才能をもちながら、弱冠二十歳で未来を閉ざされた李賀は、心朽ち果て、病魔に侵されて、世の中を呪《のろ》いながら、二十七歳の若さでこの世を去りました。

　若さゆえの真っ直ぐな絶望を表現した右の句は、中原中也《なかはらちゅうや》の「汚れっちまった悲しみに…」詩に匹敵する青春の絶唱です。

●道端の石がなぜか愛《いと》しくなるときがある

我《わ》が心《こころ》は石《いし》に匪《あら》ず
転《まろば》す可《べ》からざるなり
我《わ》が心《こころ》は席《むしろ》に匪《あら》ず
巻《ま》く可《べ》からざるなり

――『詩経《しきょう》』邶風《はいふう》「柏舟《はくしゅう》」詩より

私の心は石ではないから、転《ころ》がすことなどできない。
私の心はむしろではないから、丸めることなどできない。

今から二千数百年前に作られた中国最古の詩集『詩経《しきょう》』に収められた、無名詩人の詩の一節です。

我心匪石
不可転也
我心匪席
不可巻也

この詩の作者は、周囲を敵に回して、一人で孤独な戦いをしていたのでしょう。「私の心は石ではないから、小石を蹴《け》るように私を転がして、考えを変えさせようとしても無駄ですよ。私の心はむしろではないから、むしろを巻くように私を丸め込もうとしても無駄ですよ」と、必死に訴えています。

周囲の圧力に屈することなく、自分の信じる道を歩もうとする作者の孤独な決意が伝わってくる詩句ですが、「我が心は石に匪ず」「我が心は席に匪ず」という表現からは、路傍《ろぼう》の小石や人の尻に敷かれるむしろ同然に扱われてきた作者の無念さがにじみ出ていて、哀切です。

ちなみに、中国文学の研究者であり、作家でもあった高橋和巳《たかはしかずみ》氏は、右の詩句を借りて、『我が心は石にあらず』という小説を書いています。名句が、いつの時代も人の心をひきつける証《あかし》でしょう。

知っておきたい言葉

匪／〜ではない。あらず。「非」と同じ。
席／むしろ。竹などで編んだ敷物の総称。

●最近白髪が増えたのは苦労のせい？

白髪《はくはつ》　三千丈《さんぜんじょう》
愁《うれい》に縁《よ》りて箇《かく》の似《ごと》く長《なが》し

――李《り》白《はく》「秋浦《しゅうほ》の歌《うた》」詩、その十五《じゅうご》より

白髪が伸びに伸びて、なんと九千メートル。心にたまった悲《かな》しみによって、こんなにも長く伸びてしまった。

白髪三千丈
縁愁似箇長

右の詩を読むと、投獄されたマリー・アントワネットが恐怖のあまり一夜にして白髪《はくはつ》になったという伝説を思い出します。実際には、過度の恐怖や苦悩が、頭髪を一夜にして白くするというのは俗信にすぎないようですが、おもしろいのは、マリー・アントワネットの伝説同様、李白《りはく》もまた、白髪を苦悩の象徴として描いている点です。

それにしても、李白の気丈さはどうでしょう。久々に見た鏡の中の自分の髪が、それはそれは見事な白髪に変貌《へんぼう》していたとしたら、おそらくほとんどの人が、瞬時に落ち込み、うなだれてしまうことでしょう。しかし李白は、決してうなだれたりしません。「白髪が九千メートルもの長さになってしまった！」と大げさに驚いてみせることによって、白髪にショックを受けた自分を笑い飛ばそうとします。

どんなに深い苦悩の渦中《かちゅう》にいるときでも、決してユーモアを忘れない李白の精神的健康さが、この詩にどん底の明るさを与えています。気分が滅入《めい》ったときは、思い出して笑い飛ばしたいものです。

●大ドンデン返しで、ハッピーエンドになることもある

朝《あした》に辞《じ》す　白帝《はくてい》　彩雲《さいうん》の間《かん》
千里《せんり》の江陵《こうりょう》　一日《いちじつ》にして還《かえ》る
両岸《りょうがん》の猿声《えんせい》　啼《な》いて尽《つ》きざるに
軽舟《けいしゅう》　已《すで》に過《す》ぐ　万重《ばんちょう》の山《やま》

――李白《りはく》「早《つと》に白帝城《はくていじょう》を発《はつ》す」詩

雲が朝焼《あさや》けに染まるなか、白帝城を船出した私は、千里の距離を一日で一気に下った。川の両岸で鳴いていた猿《さる》の声がまだ耳に残っているうちに、小船は山々を通過し、あっという間に江陵にたどりついた。

李《り》白《はく》は五十八歳のとき、玄宗《げんそう》皇帝の第十六子、永王璘《えいおうりん》の率《ひき》いる反乱軍に加担した罪で、マラリアが蔓延《まんえん》する南方の地に永久追放されてしまいました。「オレの人生ももはや、これまでか！」と、いったんは腹をくくった李白でしたが、船で長江をさかのぼり、流刑地《るけいち》へ向かう途中の白帝城《はくていじょう》の地で、幸運にも恩赦《おんしゃ》の報を受け取りました。

狂喜乱舞した李白は、大急ぎで船をとって返し、白帝城から江陵《こうりょう》までの、ちょうど東京─名古屋間くらいの距離を、たった一日で下りきりました。両岸で鳴く猿《さる》の声が、まだ耳の中で残響として鳴り響いているうちにも、船はどんどん前へ進み、周囲の山々が、飛ぶように後ろへ流れ去ってゆきます。諦《あきら》めかけていた人生が首の皮一枚でつながった喜びと、再び自由を手に入れた解放感と、矢の如《ごと》き帰心が推進力となって、李白の船は前へ前へと滑るように進んでゆきました。

状況的にはかなり過酷な詩ですが、ジェットコースターに乗っているような疾走感と解放感を、李白と共に味わってください。

朝辞白帝彩雲間
千里江陵一日還
両岸猿声啼不尽
軽舟已過万重山

知っておきたい言葉

白帝城と江陵／長江《ちょうこう》沿岸の地名。白帝城から江陵までは、ほぼ東京─名古屋間の距離があり、途中には、急流で有名な景勝地、三峡《さんきょう》がある。

●理解者がいないことを嘆く人へ

前《まえ》に古人《こじん》を見《み》ず
後《のち》に来者《らいしゃ》を見《み》ず
天地《てんち》の悠悠《ゆうゆう》たるを念《おも》い
独《ひと》り愴然《そうぜん》として涕下《なみだくだ》る

――陳子昂《ちんすごう》「幽州《ゆうしゅう》の台《だい》に登《のぼ》る歌《うた》」詩

自分が生まれる前に亡くなった人に会うことはできない。自分より後に生まれてくる人にも会うことはできない。太古の昔から悠々と続く天地の永遠性を思うと、私は一人、悲しくて涙が出た。

官軍の参謀《さんぼう》に任命された陳子昂《ちんすごう》は、将軍に幾度も戦略を進言しましたが、聞き入れられぬばかりか、将軍の怒りに触れてしまいました。

人は、自分が生まれる前に死んでしまった人々と語りあうことはできません。自分の死後、生まれてくる未来の人々とも語りあうことはできません。過去や未来には、理解者がいくらでもいそうな気がするのに、今を生きる自分の周りには、理解者が一人もいないことに、陳子昂は深い絶望を感じていました。自然は、太古の昔から未来へと綿々と続いているのに、人間に与えられた時間はせいぜい百年。過去とも未来とも手を取りあうことができず、目の前に立ちふさがる険《けわ》しい現実の壁を、たった一人で乗り越えねばならぬ自分の孤独を思うとき、陳子昂は涙にくれるしかありませんでした。

陳子昂に私たちのエールは届きませんが、現代に生きる私たちには、陳子昂の言葉が届いています。千三百年の時を超えて古人《こじん》と来者《らいしゃ》が、励ましあうことができるというのも、詩のもつ力の一つです。

前不見古人
後不見来者
念天地之悠悠
独愴然而涕下

知っておきたい言葉

古人／昔の人。
悠悠／遠く遥かな様。どこまでも続く様。悠久。
愴然／悲しみのあまり、打ちひしがれる様。

●焼け跡にも春はまたくる

国《くに》破《やぶ》れて山河《さんが》在《あ》り
城《しろ》春《はる》にして草木《そうもく》深《ふか》し

――杜甫《とほ》「春望《しゅんぼう》」詩より

戦争によって首都、長安《ちょうあん》は破壊されたが、山河は昔のままそこにある。街にはいつもと同じように春がきて、草木を青々と茂らせている。

七五六年、唐《とう》王朝の首都、長安《ちょうあん》は、安禄山《あんろくざん》率いる反乱軍に瞬《またた》く間に攻め落とされてしまいました。

運悪く反乱軍の捕虜となり、長安に幽閉された杜甫《とほ》は、人口百万を超える世界都市、長安のかつての賑《にぎ》わいを知るだけに、反乱軍に占拠された長安の様子に呆然自《ぼうぜんじ》失《しつ》しました。

しかし、長安の支配者が誰に代わろうと、自然は去年と同じように春を告げ、街中の草木を新緑に染めて、杜甫を驚かせました。

自然は、いついかなるときも循環の輪を崩《くず》すことなく、春から夏へ、夏から秋へと移ってゆくのに、人の世は何ともろく移ろいやすいのだろう…という杜甫の思いはおそらく、戦場跡にたたずんだことのある人なら誰もが感じたことのある、人類に共通の感慨《かんがい》だと思います。

ちなみに俳人《はいじん》、松尾《まつお》芭蕉《ばしょう》も、奥州藤原《おうしゅうふじわら》氏三代の栄華の跡地、平泉《ひらいずみ》で同様の感慨にとらわれたらしく、杜甫の句をふまえて、「夏草《なつくさ》や兵《つわもの》どもが夢《ゆめ》の跡《あと》」という俳句を詠んでいます。

国破山河在
城春草木深

知っておきたい言葉

国／ここでは、国家の中枢《ちゅうすう》を担う政治組織を言う。唐王朝の首都である長安を指す。

城／長安の街。中国語の「城」は、街の意味。

●いつの時代も、戦争で泣くのは力のない庶民たち

君《きみ》見《み》ずや　青海《せいかい》の頭《ほとり》
古来《こらい》　白骨《はっこつ》　人《ひと》の収《おさ》むる無《な》く
新鬼《しんき》は煩冤《はんえん》し　旧鬼《きゅうき》は哭《こく》し
天陰《てんくも》り雨湿《あめしめ》るとき　声《こえ》の啾啾《しゅうしゅう》たるを

――杜甫《とほ》「兵車行《へいしゃこう》」詩より

君は見たことがあるだろうか。ココノール湖の岸辺に、拾う者のない白骨が大昔から散らばっているのを。死んだばかりの兵士の亡霊は恨《うら》みのあまり身もだえし、古い兵士の亡霊は声を上げて泣き叫んでいる。空が曇り、雨がシトシトと降る日には、亡霊たちの泣く声が、シュウシュウと聞こえてくる。

ある日、杜甫《とほ》が道を歩いていると、大声で泣き叫びながら出征兵士を見送る一群に出会いました。杜甫が理由を尋ねると出征兵士の一人が、こう答えました。「最近、徴兵が頻発し、どの家も田畑の働き手がいなくなってしまいました。男手《おとこで》を兵役に取られた家の農地は荒れ放題となり、税金も払えません。それで皆、徴兵されて行く夫や父親に追いすがって号泣しているのです」と。

玄宗《げんそう》皇帝の治世の晩年は、辺境地域で異民族との衝突が頻発したため、庶民は重税と兵役に苦しんでいました。十五歳で徴兵されたのに、四十歳を過ぎてもまだ故郷に帰れぬ兵士や、白髪頭《しらがあたま》になっても、辺境地域へ送られる兵士もいました。チベット軍との衝突が絶えない西域《せいいき》のココノール湖周辺では、無数の白骨が拾う者もいぬままに野ざらしにされており、庶民の境遇に同情を寄せる杜甫の耳には、無縁仏と化した白骨たちが雨の日に、シクシクと恨《うら》みの涙を流す声が聞こえるような気さえするのでした。戦争の被害者は、いつの時代も庶民です。

君不見青海頭
古来白骨無人収
新鬼煩冤旧鬼哭
天陰雨湿声啾啾

知っておきたい言葉

青海／ココノール湖。
新鬼／死んだばかりの戦死者の亡霊。中国語の「鬼」は亡霊の意。
煩冤／恨みもだえる。
哭／大声をあげて泣く。
啾啾／亡霊が、か細い声で泣く声を表す。

本名には魔力が宿っている

『指輪物語』『ナルニア国物語』と並ぶファンタジー小説の傑作『ゲド戦記』の世界では、言葉に魔力が宿っており、魔法使いに「真《まこと》の名前」（本名）を呼ばれた人間は、魔法使いの意のままに操《あやつ》られてしまいます。

古代中国にも似たような考え方があり、人々は目に見えない邪悪《じゃあく》な力に支配されないよう、本名を隠し、幼少時代は幼名《ようみょう》で、元服《げんぷく》後は字《あざな》で互いの名を呼びあいました。

本名の別名である「諱《いみな》」は、文字どおり「忌《い》むべき名前」として慎重に扱われ、他人を本名で呼ぶことには厳しい制限が設けられていました。

また、元服のときにつける字には、本名と意味的に関連のあるものや、性格に見あったものが選ばれることが多く、たとえば熱心な仏教信者だった詩人、王維《おうい》の場合は、これまた熱心な仏教信者だった母の意向で、本名の「維」と字の「摩詰《まきつ》」を続けて読むと、「維摩詰《ゆいまきつ》」という維摩経《ゆいまきょう》に登場する仏教信者の名前になるように、字がつけられました。また、「長恨歌《ちょうごんか》」の作者、白居易《はくきょい》には、人生を楽しんだ彼に似合いの、「楽天《らくてん》」という字がつけられました。ちなみに、元稹《げんしん》の「白楽天《はくらくてん》の江州司馬《こうしゅうしば》に左降《さこう》されしを聞《き》く」詩（一六二ページ参照）の詩題には白楽天という名前が記されていますが、これは、友人を実名で呼ぶことを避け、字で呼んだ例の一つです。インターネット上で使われるハンドルネームは、さしずめ現代版の「字」かもしれません。

第四章

男と女の間には

●恋は一瞬の花火のようなもの

春心《しゅんしん》　花《はな》と共《とも》に発《ひら》くを争《あらそ》うこと莫《な》かれ
一寸《いっすん》の相思《そうし》　一寸《いっすん》の灰《はい》

——李商隠《りしょういん》「無題《むだい》」詩より

胸の内に秘めた恋心の蕾《つぼみ》を、春の花々と競《きそ》うように咲かせてはいけない。燃える思いは、次の瞬間、灰となって消えてしまうから。

春心莫共花争発

一寸相思一寸灰

恋が、今よりもずっと奥ゆかしく語られていた時代。李商隠《りしょういん》は、ある女性と密かに愛を育《はぐく》んでいました。

ある日、恋心をこれ以上、抑えきれないと訴える恋人に向けて、李商隠はこう語りかけました。「私の心は、あなたへの思いで一杯です。けれども、私たちの恋を今、燃え上がらせてしまえば、後は燃えつきて灰になるだけ。だからもう少し、お互いこのままでいませんか」と。

右の句の前には、悲恋を暗示する言葉と並んで、容姿《ようし》端麗《たんれい》な父の部下、韓寿《かんじゅ》に一目惚れをした宰相の娘が、物陰からこっそりと韓寿の姿を盗み見ては、切ない恋心を震わせていたという、身分違いの恋を暗示する言葉も記されていますから、あるいは李商隠とその思い人との恋も、結ばれない定めの恋だったのかもしれません。

恋は、秘めれば秘めるほど思いが深まりますが、胸の内に秘めた思いを耐え切れずに開放してしまえば、後は破局が待っているだけ。そんな行き場のない恋に怯《おび》える、なんとも切ない恋の句です。

知っておきたい言葉

発／ぱっと開く。

一寸／古代の中国人は、心臓の大きさを一寸四方と考えていた。一寸は現在の約三センチ。

相思／相手を思う心。

●これって失恋?

花開《はなひら》くも同《とも》には賞《しょう》せず
花落《はなお》つるも同《とも》には悲《かな》しまず
問《と》わんと欲《ほっ》す　相思《そうし》の処《ところ》
花開《はなひら》き花落《はなお》つる時《とき》

――薛濤《せつとう》「春望《しゅんぼう》の詞《し》」詩、その一《いち》

花が咲いても、あなたと共に愛《め》でることができず、花が散っても、あなたと共に悲しむことができない。花が咲き、花が散る様を、今、あなたはどんな思いで眺《なが》めているのだろう。

役人だった父の死去によって、十数歳で蜀《しょく》の地に取り残されてしまった薛濤《せつとう》が生きてゆくためには、宴席にはべって、酔客に歌舞を披露する芸妓《げいぎ》になるしかありませんでした。詩を作るのがうまく、美しかった薛濤は、十七、八歳の頃から官庁専属の芸妓となり、蜀の地を訪れる役人たちの宴会に花を添えるようになりました。

右の詩が書かれた状況は不明ですが、あるいは蜀の地での任期を終え、長安《ちょうあん》へ帰ってしまった恋人を思って作った詩だったかもしれません。

「花が咲いたうれしさや、花が散った寂しさを、あなたとはもう分かちあうことができないのですね。わたしは、春の花々を見ては、あなたのいない寂しさを噛《か》みしめていますが、あなたはそちらで、どんな思いで花を眺《なが》めているのでしょうか」

咲いては散る花々を眺める視線の先に、失われつつある若さへのかすかな焦りがにじむ、悲しい妓女の恋の詩です。

花開不同賞
花落不同悲
欲問相思処
花開花落時

●愛する心は止められない

人《ひと》は木石《ぼくせき》に非《あら》ず　皆情《みなじょう》有《あ》り
如《し》かず　傾城《けいせい》の色《いろ》に遇《あ》わざらんには

――白居易《はくきょい》「李夫人《りふじん》」詩より

人間には、木や石と違って感情というものがあるから、
心を惑《まど》わす美女になど出会わないほうが幸せだ。

漢《かん》の武帝《ぶてい》は、傾国《けいこく》の美女と謳《うた》われた李《り》夫人を深く愛しましたが、美人薄命の諺《ことわざ》どおり、李夫人は、若くして死の床に臥《ふ》してしまいました。武帝は、幾度も見舞いに訪れましたが、李夫人は、やつれた姿を見せたくないと、武帝の面会を断り続け、そのまま帰らぬ人となってしまいました。李夫人の死を受け入れられない武帝は、死者の魂を呼び戻すことができるという方士《ほうし》（神仙の術を操《あやつ》る人）に、李夫人の魂を呼び戻してくれるよう頼みました。方士が「反魂香《はんごんこう》」を焚《た》くと、カーテンの向こうに李夫人らしい人影が現れましたが、その姿は瞬《また》く間に消えてしまい、武帝は李夫人の顔を見ることすらかないませんでした。カーテン越しに見た人影は李夫人だったのか、それともまやかしだったのか。考えれば考えるほど、武帝の心は千々《ちぢ》に乱れました。

「そんなに辛い思いをするなら、いっそのこと人など愛さなければよいのに」という白居易《はくきょい》の右の言葉には、人を愛することの辛《つら》さと切なさがにじんでいます。

人非木石皆有情
不如不遇傾城色

知っておきたい言葉

傾城色／色香で人を惑《まど》わし、国を滅ぼすほどの美女。

●青春時代はまぶしくて

十年《じゅうねん》　一《ひと》たび覚《さ》む　揚州《ようしゅう》の夢《ゆめ》
贏《か》ち得《え》たり　青楼薄倖《せいろうはくこう》の名《な》

——杜牧《とぼく》「懐《おも》いを遣《や》る」詩より

揚州で遊び暮らした十年の夢から目覚めてみれば、私に残ったのは、色町《いろまち》の浮気者という評判だけだった。

名門貴族の子弟として何不自由なく育った杜牧《とぼく》は、青春時代の二年間を、唐《とう》王朝一繁華な街、揚州《ようしゅう》で過ごしました。

酒と美女をこよなく愛した杜牧は、運河の発達した揚州の街を、小船に酒樽《さかだる》を積み込んで縦横無尽に往来し、不夜城と化した遊郭《ゆうかく》で美女たちと夜毎、宴を繰り広げました。「名門貴族の坊ちゃんに、何かあっては大変だ」と心配した上司が、兵士三十名に命じて、杜牧を毎晩、護衛させましたが、遊びに夢中の杜牧は、最後まで護衛の存在に気づきませんでした。やがて都へ帰ることになった杜牧は、揚州での二年間を振り返って、愕然《がくぜん》としました。夜ごとの饗宴《きょうえん》も、過ぎてしまえば一夜の夢のようにつかみどころがなく、自分に残ったものといえば、「色町《いろまち》の浮気者」という浮名だけだということに、このとき、杜牧はようやく気づいたのです。杜牧の青春は、こうして終わりを告げました。

杜牧の思いは、青春を過ごした学生街に、十数年ぶりに足を踏み入れたときの、あの甘酸っぱい思いと、少し似てなくもありません。

十年一覚揚州夢
贏得青楼薄倖名

知っておきたい言葉

十年／長い年月をいう。実際の年数ではない。
揚州／江南《こうなん》地方の豊富な物資を北へと運ぶ大運河の起点。
青楼／遊女のいる遊郭。
薄倖／ここでは、不幸ではなく、薄情の意として使われている。

●別れのときには言葉なんて見つからない

多情《たじょう》は却《かえ》って似《に》たり　総《すべ》て無情《むじょう》なるに
惟《た》だ覚《おぼ》ゆ　罇前《そんぜん》　笑《わら》いの成《な》らざるを
蠟燭《ろうそく》　心《こころ》有《あ》りて還《ま》た別《わか》れを惜《お》しみ
人《ひと》に替《か》わりて涙《なみだ》を垂《た》れて天明《てんめい》に到《いた》る

――杜牧《とぼく》「別《わか》れに贈《おく》る」詩、その二《に》

あなたへの愛情をどう表現してよいかわからず、かえって冷たい態度をとってしまう。別れの酒樽《さかだる》を前にして顔がこわばり、笑顔を作れない自分が情けない。そんな不器用《ぶきよう》な私の代わりに、ロウソクが明け方まで涙を流し続けてくれた。

青春時代を過ごした揚州《ようしゅう》を去り、長安《ちょうあん》へ戻ることになった杜牧《とぼく》は、愛する妓女《ぎじょ》に別れを告げようとしていました。一人、取り残される彼女の行く末が案じられますが、揚州を離れてしまえば、杜牧にはもう彼女を助ける術《すべ》がありません。杜牧は、彼女への思いが千々《ちぢ》に乱れて伝える術が見つからず、無表情な顔つきでただ黙って酒を飲み続けました。愛《いと》しい人にせめて笑顔を見せようと努力はするのですが、能面のように顔がこわばって、うまく笑顔が作れません。彼女にも、杜牧の気持ちは十分に伝わっていたのでしょう。黙って向きあう二人の傍《かたわ》らで、ロウソクが一滴、また一滴と、泣くことのできない二人に代わって、ロウの涙を流していました。

揚州を去る時、「十年《じゅうねん》　一《ひと》たび覚《さ》む　揚州《ようしゅう》の夢《ゆめ》、贏《か》ち得《え》たり　青《せい》楼薄倖《ろうはくこう》の名《な》」（一二六ページ参照）と語って、自《みずか》らを色町《いろまち》の浮気者と断じた杜牧ですが、一人の妓女をこんなにも深く愛する、優しい人でもありました。切ない男女の別れを詠《よ》んだ名作です。

多情却似総無情
惟覚罇前笑不成
蠟燭有心還惜別
替人垂涙到天明

知っておきたい言葉

多情／感じやすい心。
罇／酒樽。
替／～の代わりに。

●別れた人はさらに美しくなっていた

玉容《ぎょくよう》　寂寞《せきばく》　涙闌干《なみだらんかん》
梨花《りか》一枝《いっし》　春《はる》　雨《あめ》を帯《お》ぶ

――白居易《はくきょい》「長恨歌《ちょうごんか》」詩より

玉《たま》のように美しい顔はどこか寂しげで、涙が次から次へとあふれてくるのを止められない。その姿はまるで、白い梨《なし》の花が春の雨に打たれているようだった。

玉容寂寞涙闌干
梨花一枝春帯雨

玄宗《げんそう》皇帝と楊貴妃《ようきひ》の悲恋を描いた「長恨歌《ちょうごんか》」の一節です。安禄山《あんろくざん》の率いる反乱軍が長安《ちょうあん》に迫ったため、玄宗皇帝は楊貴妃を連れて、慌《あわ》てて長安を脱出しました。しかし唐《とう》軍の兵士たちが、唐王朝を混乱に陥《おとしい》れた元凶《げんきょう》として楊貴妃の処刑を強く要求したため、追いつめられた玄宗皇帝は、楊貴妃に死を宣告せざるをえませんでした。

楊貴妃が亡くなってから一年たった後も、彼女への思いを断ち切れない玄宗皇帝は、方士《ほうし》に命じて楊貴妃の魂を探させました。天上界から黄泉《よみ》の国まで、くまなく探し回った方士は、とうとう海上の仙山で暮らす楊貴妃を見つけ出しました。

方士から玄宗の思いを聞いた楊貴妃は、ハラハラと涙を流しましたが、その姿は、細やかな春雨《はるさめ》に打たれる白い梨《なし》の花のような可憐さでした。欲望渦巻《うずま》く人間界を脱して、仙界に生まれ変わった楊貴妃には、牡丹《ぼたん》の花のようだと謳《うた》われた生前の艶《あで》やかさはもうありませんでした。

涙にむせぶ清楚《せいそ》な美女の姿を描いた悲しい名句です。

知っておきたい言葉

玉容／宝石の一種である玉のように美しい容貌。
闌干／涙がはらはらと流れる様子。

●今度生まれてきたときも一緒になろう

天《てん》に在《あ》りては　願《ねが》わくは比翼《ひよく》の鳥《とり》と作《な》り
地《ち》に在《あ》りては　願《ねが》わくは連理《れんり》の枝《えだ》と為《な》らん

――白居易《はくきょい》「長恨歌《ちょうごんか》」詩より

天に生まれたなら比翼の鳥、地上に生まれたなら連理の枝となって、未来永劫《えいごう》、添《そ》いとげよう。

在天願作比翼鳥
在地願為連理枝

玄宗《げんそう》皇帝と楊貴妃《ようきひ》は、織姫と彦星が年に一度、愛を確かめあう七夕の夜、密《ひそ》かに来世《らいせ》を誓いあいました。
「天に生まれたなら、翼を並べて大空を飛ぶ比翼《ひよく》の鳥に、地上に生まれたなら、幹は二本だけれど枝が絡《から》まりあって一本の木のようになる連理《れんり》の枝となって、生まれ変わるたび毎に、二人で一つの人生を歩みましょう」と。

唐《とう》王朝の皇帝とその愛姫として、この世の栄耀栄華《えいようえいが》を極めた玄宗皇帝と楊貴妃でしたが、二人が本当に望んでいたのは、今生《こんじょう》も来世も、そのまた来世も、未来永劫《えいごう》、誰にも邪魔されることなく二人で生きてゆくことだけでした。鳥や樹木といった、無一物《むいちもつ》の無欲なものに生まれ変わろうと約束したところに、二人の純粋な愛情が感じられて、何とも切ない詩句です。

ちなみに、右の句から仲むつまじい男女のたとえとして用いられる「比翼連理《ひよくれんり》」の語が生まれました。

知っておきたい言葉

比翼鳥／目が一つ、翼が一つしかない伝説上の雌雄の鳥。二羽が並んで、初めて空を飛ぶことができる。

連理枝／もとは二本の別々の木だが、枝が合体して、一本の木のようになっているもの。

●命をかけた恋だったのに

天長地久《てんちょうちきゅう》　時有《ときあ》りて尽《つ》くるも
此《こ》の恨《うら》みは綿綿《めんめん》として尽《つ》くる期無《ときな》し

――白居易《はくきょい》「長恨歌《ちょうごんか》」詩より

天地は永遠の存在に見えるが、それでもいつかは崩壊《ほうかい》するときがくる。けれども、引き裂かれた二人の恋の恨《うら》みは、未来永劫《えいごう》、消えることはない。

「長恨歌《ちょうごんか》」の末尾に置かれ、詩題の由来ともなった有名な詩句です。
玄宗《げんそう》皇帝と楊貴妃《ようきひ》は、「天《てん》に在《あ》りては　願《ねが》わくは比翼《ひよく》の鳥《とり》と作《な》り、地《ち》に在《あ》りては　願《ねが》わくは連理《れんり》の枝《えだ》と為《な》らん」（一三二ページ参照）と、来世《らいせ》を誓いあうほど深い愛で結ばれていましたが、安禄山《あんろくざん》の挙兵によって引き起こされた混乱の最中に楊貴妃が殺され、二人の愛は突然、断ち切られてしまいました。

二人の運命に深い同情を寄せた白居易《はくきょい》は、玄宗皇帝と楊貴妃の出会いから別れまでを、百二十句の内に詳述した後、「この世で愛を貫くことができなかった二人は、天地が崩壊《ほうかい》し、宇宙が消滅した後も、永遠にこの世を恨《うら》み続けるだろう」と記して、「長恨歌」という名の、長い恨みの歌をしめくくりました。恨みの深さを語ることによって、二人の愛の強さを強調しようとした逆説的名句です。

誰かを本当に愛したなら、その愛は、一生などという短い時間では足りないのかもしれません。

天長地久有時尽
此恨綿綿無尽期

知っておきたい言葉

綿綿／切れ目なく長く続く様。

●おめでとう。未来へつなぐ出発点だね

昏礼《こんれい》は万世《ばんせい》の始《はじ》めなり。

――『礼記《らいき》』郊特牲《こうとくせい》篇より

結婚は人類繁栄の出発点である。

昏礼万世之始也。

結婚すると、子供が生まれ、孫が生まれて、子孫が代々続いてゆきます。

秦《しん》の始《し》皇帝《こうてい》や漢《かん》の武帝《ぶてい》が富と権力を手に入れた後、最後に望んだのが、この世で永遠に生き続けること、すなわち不老長寿《ふろうちょうじゅ》でした。中国の歴代皇帝の中には、不老長寿を求めて怪しい仙薬を飲み、かえって寿命を縮めた者もいたようですが、人間は、たとえどんな権力者であっても、死の壁を乗り越えて、永遠に生き続けることはできません。そこで古代中国人は、別の方法で永遠の生命を手に入れようと考えました。結婚して子供を産み、父から子へ、子から孫へと生命のリレー、もしくは血のリレーを続けてゆくことによって、個人としての死を乗り越え、永遠の生を獲得しようと考えたのです。今も昔も、中国人にとって、子孫断絶が人生最大の不幸であるのは、このためです。

中国の人々にとって、結婚が子孫繁栄の出発点であり、永遠の生への出発点であるのは、今も同じです。

知っておきたい言葉

昏礼／婚礼。

万世／永遠。

●そんなに思い煩《わずら》うことはないんだよ。美しさが台無しだ

月明《げつめい》に対《たい》して往事《おうじ》を思《おも》うこと莫《な》かれ
君《きみ》が顔色《がんしょく》を損《そん》じて君《きみ》が年《とし》を減《げん》ぜん

――白居易《はくきょい》「内《つま》に贈《おく》る」詩より

月を見ながら、過ぎてしまったことを思い出してはいけない。君の美しい顔を曇らせ、寿命を縮《ちぢ》めるから。

苔《こけ》で覆《おお》われた雨上がりの地面に、冷たい露がうっすらと降りた秋の夜。白居易《はくきょい》の妻は、月を眺《なが》めながら、何やら物思いにふけっていました。彼女が何を思い煩《わずら》っていたのか、正確なことはわかりませんが、あるいは両親や祖父母といった、今は亡き肉親との懐かしい思い出にふけっていたのかもしれません。大好きだった人と共に見上げた月は、今夜も変わらず夜空に輝いているのに、大切なあの人はもうこの世にいない。妻が、深い悲しみの中に沈み込んでいるのを見た白居易は、「月を見上げて物思いにふけるのは、もうやめなさい。あまり思いつめていると、あなたの美しい顔が曇って、寿命を縮《ちぢ》めてしまいますよ」と、優しく語りかけました。生涯、ただ一人の妻を愛し続けた白居易らしい、思いやりにあふれた言葉です。

ちなみに在原業平《ありわらのなりひら》は、白居易の右の句をもとに、「おおかたは月をもめでじこれぞこのつもれば人の　老いとなるもの」（月を愛ですぎると年老いてしまうから、私は月を愛でないようにしている。『伊勢物語』）という歌を詠んでいます。

莫対月明思往事
損君顔色減君年

知っておきたい言葉

内／妻のこと。

●家族からの手紙は心の支えだよ

烽火《ほうか》　三月《さんがつ》に連《つら》なり
家書《かしょ》　万金《ばんきん》に抵《あた》る

――杜甫《とほ》「春望《しゅんぼう》」詩より

戦争ののろしは三月になってもまだ止《や》まず、家族からの手紙は、金一万両に相当するほど貴重である。

杜甫《とほ》は四十五歳のとき、安禄山《あんろくざん》が率いる反乱軍の捕虜となり、長安《ちょうあん》に幽閉されてしまいました。首都、長安が反乱軍に占拠《せんきょ》されて数か月後の翌年三月になっても、唐《とう》王朝軍は長安を奪い返すことができず、戦況の急を告げるのろしだけが、日夜、空を焦《こ》がしていました。

幸い、杜甫の妻子は地方へ疎開していたため、反乱軍の捕虜にならずにすみましたが、一家の大黒柱である杜甫とは、連絡を取りあうことができなくなりました。風の便りに、杜甫が反乱軍の捕虜となっていることを知った妻は、自分と幼な子たちの無事を知らせようと、長安へ向かう人を探して、杜甫への手紙を託しました。

戦火をかいくぐるようにして届いた妻からの手紙には、杜甫への愛があふれていたのでしょう。反乱軍に見張られ、死と隣りあわせの中で暮らす杜甫にとって、妻からの手紙は、金一万両にも相当するほど、ずしりとした重みがありました。

いつの時代も、家族からの手紙は、孤独を癒《いや》す特効薬です。

烽火連三月
家書抵万金

知っておきたい言葉

烽火／軍事上、火急の要件を伝えるのろし火。
家書／家族からの手紙。
抵／値する。相当する。

●飲んでばかりで、ごめん

三百《さんびゃく》六十日《ろくじゅうにち》
日日《ひび》酔《よ》いて泥《どろ》の如《ごと》し
李白《りはく》の婦為《よめた》りと雖《いえど》も
何《なん》ぞ太常《たいじょう》の妻《つま》に異《こと》ならん

——李白《りはく》「内《つま》に贈《おく》る」詩

私は、一年、三百六十五日、毎日、泥のように酔いつぶれている。君は李白の妻だというのに、これでは太常の妻と何ら変わらないね。

大酒飲みの李白《りはく》は、ある日、妻にこんな詫《わ》び状を書きました。

「飲兵衛のオレは、一年、三百六十五日、泥《どろ》のように酔いつぶれては、君を嘆かせている。君は李白の妻だというのに、これでは、日々精進潔斎《しょうじんけっさい》して女色を遠ざけている太常《たいじょう》の妻と何も変わらないね。本当にごめん」

皇帝が使者を遣《つか》わしても、「オレは酒中の仙人だ」などと、わけのわからぬ妄言《もうげん》を吐いて呼び出しに応じなかった傍若無人《ぼうじゃくぶじん》の李白が、素直に妻の言うことを聞くとも思えませんが、そんな人が、ごくたまにとはいえ、右のような茶目っ気たっぷりの詩を作って詫びを入れてくれれば、李白の妻ならずとも、つい笑って許したくなります。

杜甫《とほ》や白居易《はくきょい》が、生涯、ただ一人の妻を大切にしたのに対して、李白は、旅の途中の行く先々で何人もの妻を娶《めと》りましたが、右のような詩を読むと、女性たちが李白を放っておかなかった理由がよくわかります。李白との生活はきっと、退屈知らずだったことでしょう。

三百六十日
日日酔如泥
雖為李白婦
何異太常妻

知っておきたい言葉

三百六十日／旧暦における一年間の日数。新暦の三百六十五日にあたる。

太常／宮中で皇帝の祖先の霊を祭る役人。

●苦しい中にも幸せはあるから

老妻《ろうさい》は紙《かみ》に画《えが》いて棋局《ききょく》を為《つく》り
稚子《ちし》は針《はり》を敲《たた》いて釣鉤《ちょうこう》を作《つく》る
但《た》だ故人《こじん》の禄米《ろくべい》を供《きょう》する有《あ》り
微軀《びく》　此《こ》の外《ほか》に更《さら》に何《なに》をか求《もと》めん

――杜甫《とほ》「江村《こうそん》」詩より

年老いた妻は紙で碁盤《ごばん》を作り、幼な子は縫《ぬ》い針をたたいて釣《つ》り針を作っている。旧友は、私に扶持米《ふちまい》を分けてくれる。今の私は、これだけでもう十分に満足だ。

四十九歳で成都《せいと》にたどりつくまでの杜甫《とほ》は、本当に不運続きでした。

繁栄を極めた唐《とう》王朝は、安禄山《あんろくざん》の反乱によって大混乱に陥り、ようやく手に入れた官職も、生来の生真面目さが裏目に出て、瞬《また》く間に左遷の憂き目にあいました。

左遷先の地方では、着任の一年後に大飢饉《だいききん》が襲い、杜甫は家族を飢えから救うために、退職してほかの土地へ移住しなければなりませんでした。しかし、移住先でも食糧難は変わらず、杜甫とその家族は、ときには猿《さる》回しの後をつけて、猿が食べ残したドングリを拾って食べるような生活を強《し》いられました。

しかし、成都にたどりついた今、杜甫の妻は紙で作った碁盤《ごばん》の上で囲碁《いご》に興じ、幼な子は縫《ぬ》い針で釣《つ》り針を作って魚釣りに興じるゆとりを取り戻しました。碁盤や釣り針も買えないほどの貧乏暮らしですが、幼馴染《おさななじみ》の援助によって、飢えの恐怖からは解放されました。

杜甫がたどりついた、ささやかな幸せが、ここにあります。

老妻画紙為棋局
稚子敲針作釣鉤
但有故人供禄米
微軀此外更何求

知っておきたい言葉

棋局／碁盤。
稚子／幼な子。
釣鉤／釣り針。
故人／旧友。
禄米／役人が給料としてもらう米。
微軀／取るに足りない自分。自分を指す謙譲語。

●すまなかったね

愧《は》ずる所《ところ》は人《ひと》の父《ちち》と為《な》り
食無《しょくな》くして夭折《ようせつ》を致《いた》せしことなり

——杜甫《とほ》「京《きょう》より奉先県《ほうせんけん》に赴《おもむ》く詠懐《えいかい》　五百字《ごひゃくじ》」詩より

幼い我が子を餓死《がし》させてしまうとは、父親として、これほど恥ずかしいことはない。

所愧為人父
無食致夭折

長安《ちょうあん》の都で、貧乏生活に耐えながら求職活動をしていた杜甫《とほ》は、四十三歳のとき、家族を養うことができなくなってしまいました。妻子を近県にある親戚の家に預けた杜甫は、長安で一人、求職活動を続けた結果、翌年、ようやく官職に就くことができました。任官の吉報を届けるために、寒風吹きすさぶ中、妻子のもとへ駆けつけた杜甫は、親類の家の門まで来たところで、妻子の号泣する声を聞きました。急いで家の中へ駆け込んだ杜甫はそこに、餓死《がし》した幼い我が子の亡骸《なきがら》を発見しました。その年の秋は豊作だったというのに、村中の作物が租税に取られてしまったために、杜甫の妻子は、食糧を手に入れることができなかったのです。「愧ずる所は人の父と為り、食無くして夭折を致せしことなり」という右の句からは、杜甫の父親としての強烈な自責の念が伝わってきます。

飽食ニッポンにも時々、餓死者のニュースが飛び込んできます。杜甫の悲劇は、現代もまだ生き続けています。

●妻よ、子よ。お父さんは、いつも君たちのことを思っているよ

今夜《こんや》　鄜州《ふしゅう》の月《つき》
閨中《けいちゅう》　只《た》だ独《ひと》り看《み》るならん
遥《はる》かに憐《あわ》れむ　小児女《しょうじじょ》の
未《いま》だ長安《ちょうあん》を憶《おも》うを解《かい》せざるを

――杜甫《とほ》「月夜《げつや》」詩より

私が見つめているこの月を、今頃、鄜州にいる妻もまた自分の部屋から眺《なが》めていることだろう。妻の傍《そば》にいる子供たちが、長安に幽閉されている父の身を気遣《きづか》うこともできないほど幼い年齢だと思うと、哀《あわ》れさで胸がいっぱいになる。

杜甫《とほ》は、安禄山《あんろくざん》の軍に捕らえられる直前、妻と幼い子供の四人を鄜州《ふしゅう》に疎開させていました。幽閉先の宿舎の窓から月を見ていた杜甫は、妻もまた、疎開先の家の窓から月を見上げ、捕虜の身となった自分のことを案じているだろうと想像しました。

ちょうど今頃は、夕食を食べ終えた腕白盛りの二人の息子と、おしゃまな娘が、妻の周りで、にぎやかにはしゃぎ回っている時分です。父親が反乱軍の捕虜になっていることを知らない幼い子供たちは、悲しげな母の姿を心配そうに見つめながら、「お父さんは、僕たちを、いつ迎えに来てくれるの?」と、無邪気に尋ねているかもしれません。

杜甫には、幼い子供たちを不安がらせないよう、子供たちの質問に気丈に答える妻の姿が見えるような気がして、切なさで胸がいっぱいになりました。

いついかなるときも家族と行動を共にしようとした、家族思いの杜甫らしい温かな詩です。

今夜鄜州月
閨中只独看
遥憐小児女
未解憶長安

知っておきたい言葉

鄜州/杜甫の妻子が疎開していた場所。

玄宗は尾張ことばにたらされる

古代中国の人々は、東の海に蓬萊山《ほうらい》という名の、仙人が住む霊山があると信じていましたが、日本は、中国の東に位置する島国であったため、「この地こそが、蓬萊山だ」とする蓬萊伝説が、日本各地に残ることとなりました。

名古屋の熱田神宮も、そんな蓬萊伝説の残る土地の一つですが、この初詣の参拝客数の多さで有名な熱田神宮には、もう一つ、楊貴妃《ようきひ》にまつわる面白い伝説が残っています。

「あるとき、唐《とう》の玄宗《げんそう》皇帝が日本侵略を企《くわだ》てていることを察知した熱田明神《あつたみょうじん》は、楊貴妃に変身して玄宗を誘惑し、見事、その野望を打ち砕《くだ》きました。楊貴妃は馬嵬坡《ばかいは》で殺された後、魂となって熱田神宮に戻りましたが、楊貴妃への思いを断ち切ることのできない玄宗は、方士《ほうし》に命じて、楊貴妃の魂の行方《ゆくえ》を探させました。方士は天上界から黄泉《よみ》の国までくまなく探した末に、とうとう楊貴妃の居場所を突き止め、東の海に浮かぶ蓬萊山、つまりは熱田神宮に隠れ住んでいる楊貴妃のもとを訪れました」というのが、伝説のあらましです。

熱田神宮には、明治の初め頃までは楊貴妃の墓も残っていたそうですが、残念ながら、今はもうありません。

玄宗《げんそう》は尾張《おわり》ことばにたらされる
日本《にほん》にかまいなさるなと貴妃《きひ》はいい

江戸時代の人々は得意の川柳《せんりゅう》で、玄宗と楊貴妃の恋を、こんなふうにシャレのめしています。

第五章
持つべきは友

●久しぶりだねぇ

朋《とも》有《あ》り　遠方《えんぽう》より来《きた》る、
亦楽《またたの》しからずや。

――『論語《ろんご》』学而篇《がくじ》（孔子《こうし》の言葉）より

友達が遠くから会いに来てくれるのは、本当にうれしく楽しいことだ。

香港・台湾を始めとする中華圏の人たちは、友達を本当に大切にします。友達に会うために海外まで出かける人は、日本では珍しいと思いますが、中華圏の人たちは毎年、当たり前のように、友達に会うためだけに海を渡ります。友達に会うのが第一目的で、観光は二の次というような、そんな海外旅行をしたことのなかった私は、これを知ったときには本当に驚きました。時間がないときは、ホテルで朝食をとる間だけでも友人と時間を分かちあおうとする姿を見ていると、「朋有り　遠方より来る、亦楽しからずや」という孔子《こうし》の言葉が、中華圏では、当たり前のように暮らしの中に溶け込んでいる様子がわかります。

私は、右の言葉を初めて読んだとき、「こんなの建前《たてまえ》だよ。『論《ろん》語《ご》』って、嘘臭いなぁ」と感じたものですが、今ではこれが中華圏の人たちの紛れもない本音だと実感しています。言葉の中には、その言葉が生まれた風土の中でしか実感できないものがありますが、右の言葉はさしずめ、その代表例かもしれません。

有朋自遠方来、
不亦楽乎。

知っておきたい言葉

朋／友。朋友。
不亦～乎／なんと～ではないか。強調表現。

●何してた？　元気だった？

乍《たちま》ち見《み》て翻《かえ》って夢《ゆめ》かと疑《うたが》い
相悲《あいかな》しんで各《おのおの》年《とし》を問《と》う

――司空曙《しくうしょ》「雲陽《うんよう》の館《かん》にて韓紳《かんしん》と宿別《しゅくべつ》す」詩より

不意《ふい》の再会に夢かと疑い、会えずにいた歳月を悲しみつつ、互いに年齢を尋ねあった。

乍見翻疑夢
相悲各問年

長い間、音信不通だった司空曙《しくうしょ》と韓紳《かんしん》の二人は、旅先の旅館で偶然、再会しました。最初は夢かと疑った二人でしたが、やがて再会の喜びが突き上げてきたのでしょう。「とりあえず、一緒に酒でも飲もうじゃないか」ということになり、そのまま酒宴となりました。会えずにいた歳月の間に起こった出来事を語りあっているうちに、互いが経てきた艱難辛苦《かんなんしんく》の人生が胸に迫り、二人は次第に無口になっていったのでしょう。しばしの沈黙の後、「ところでおまえ、今年で何歳になった」と尋ねあった、というのが右の詩句の情景です。

詩題にある「宿別《しゆくべつ》」とは、同じ宿に宿泊して、翌朝、別れることを意味しますから、この夜の再会の宴は、別れの宴でもありました。明日はまた、それぞれの目的地に向かって旅立つ二人です。

長年、音信不通だった友人と、偶然、街で再会したことがあります。「何年ぶり?」「何歳になった?」二十数年ぶりに会った友人と交わした会話は、千数百年前の司空曙たちとまったく同じでした。

●転勤してもまた会おうぜ

海内《かいだい》　知己《ちき》存《そん》す
天涯《てんがい》　比隣《ひりん》の若《ごと》し

——王勃《おうぼつ》「杜少府《としょうふ》　任《にん》に蜀州《しょくしゅう》に之《ゆ》く」詩より

この国のどこかに真の友がいると思えば、地の果てに別れていようと、隣同士みたいなものだ。

長安《ちょうあん》から遠く離れた蜀《しょく》（現在の四《し》川《せん》省）への赴任が決まり、気落ちした様子の友人を見て、当時、二十歳前後だった王勃《おうぼつ》は、「僕というよき友、よき理解者がいるのだから、蜀へ行っても、寂しがる必要なんかないさ。心さえ通じあっていれば、どこに住んでいようと、隣同士みたいなものだから」と、励ましました。

友情に対する若々しい信頼感が前面に出た、まぶしいような詩句ですが、心がつながっていれば、たとえ十年の空白があっても、まるで昨日別れた友達同士のように会話が弾むというのは、体験的にもうなずける言葉です。「天涯　比隣の若し」という大げさな表現も、あながち誇張とばかりはいいきれません。

ところで、唐《とう》代の役人も現代のサラリーマンも、転勤を命じられれば、どこへでも行くしかないという点では似たような境遇ですが、友情に対する信頼感という点では、かなりの違いがありそうです。

あなたに、「天涯　比隣の若し」といえる友人はいますか。

海内存知己
天涯若比隣

知っておきたい言葉

海内／四海の内。国内。
天涯／空の果て。遠く隔たった場所。
比隣／隣。近隣。

●左遷されたけど、今はもう何とも思ってないよ

洛陽《らくよう》の親友《しんゆう》　如《も》し相問《あいと》わば
一片《いっぺん》の氷心《ひょうしん》　玉壺《ぎょくこ》に在《あ》り

――王昌齢《おうしょうれい》「芙蓉楼《ふようろう》にて辛漸《しんぜん》を送《おく》る」詩より

洛陽の親友が、もし私の近況を尋ねたなら、私は清らかな玉《ぎょく》の壺に入った、一塊《ひとかたまり》の氷のような心境でいると伝えてほしい。

洛陽親友如相問
一片冰心在玉壺

一度読んだら忘れられない、印象的な名句です。

左遷され、今は地方で事務官をしている王昌齢《おうしょうれい》は、洛陽《らくよう》に旅立つ友人に伝言を託しました。「君が洛陽に戻れば、僕のことを心配する友人たちが、僕の近況を尋ねるだろう。そのときはぜひ、こう答えてほしい。彼は今、清らかな玉《ぎょく》の壺に入った透明な氷の塊《かたまり》のように、静かで澄みきった心境にある」と。

左遷された当初は、怒りで腸《はらわた》が煮えくり返るような苦しみを味わった王昌齢ですが、今はもう怒りも悔しさも消えうせて、清浄な玉の壺の中に入った一片の氷のように、静かで落ち着いた気分で暮らしていると王昌齢は言います。

しかし、こんな伝言を聞いて、安心する友人がいるでしょうか。硬い玉の壺に守られた氷の塊には、静けさと清らかさはあっても、温もりがありません。

王昌齢の孤独さが、痛いほどに伝わってくる詩句です。

●年をとると友達と会うことさえ難しくなるものさ

人生《じんせい》　相見《あいみ》ざること
動《やや》もすれば参《しん》と商《しょう》との如《ごと》し

——杜甫《とほ》「衛八処士《えいはちしょし》に贈《おく》る」詩より

離れ離れになった友人との再会は、夏の星座と冬の星座が夜空で出会うのと同じくらいに難しい。

人生不相見
動如参与商

杜甫《とほ》は四十八歳のとき、友人の衛八《えいはち》と二十年ぶりに偶然、再会しました。衛八は、すでに結婚して子供をもうけ、幸せな家庭を築いていました。別れたときは二十代の青年だった二人も、今はもう髪に白髪の混じる年齢となり、共通の友人の名を挙げれば、半数がすでに故人となっていました。

各地で戦乱が多発する一方、郵便制度も整っていなかった唐《とう》代では、別れた友人と再会することは、冬の星座であるオリオン座と、夏の星座であるサソリ座が、夜空の上で出会うのと同じくらい、困難なことでした。

「オジサンは、どこから来たの」と、可愛らしく尋ねる子供たち。酒を並べ、美味《おい》しい料理を作って、杜甫に勧める甲斐甲斐《かいがい》しい妻。二十年前に別れたときと変わらぬ、誠実な態度で杜甫に接する衛八。

明日別れたら、二度と再び会うことはないだろう旧友二人の夜は、こうして和《なご》やかに更《ふ》けてゆきました。

知っておきたい言葉

動／ともすれば。
参／オリオン座の星。
商／サソリ座の星。

●何も言わなくても

残灯《ざんとう》　焔《ほのおな》無くして　影幢幢《かげとうとう》たり
此《こ》の夕《ゆうべ》　君《きみ》が九江《きゅうこう》に謫《たく》せられしを聞《き》く
垂死《すいし》の病中《びょうちゅう》　驚《おどろ》いて坐起《ざき》すれば
暗風《あんぷう》　雨《あめ》を吹《ふ》いて寒窓《かんそう》に入《い》る

——元稹《げんしん》「白楽天《はくらくてん》の江州司馬《こうしゅうしば》に左降《さこう》されしを聞《き》く」詩

燃えつきそうな灯火《ともしび》が、薄暗い光をゆらゆらと放っている。今夜、君が九江に左遷されたと聞き、瀕死《ひんし》の床についていた私は、驚きのあまりベッドから飛び起きてしまった。夜の闇《やみ》をついて、雨交じりの風が寒々とした窓から吹き込んできた。

元稹《げんしん》と白居易《はくきょい》は、生涯に千通もの詩を交換しあった親友同士でした。重い病気でベッドに臥《ふ》せっていた元稹は、ある夜、親友の白居易が左遷されたとの知らせを受け取りました。驚きのあまりベッドから飛び起きた元稹は、暗闇の中で、ただひたすら友の身を案じました。今にも燃えつきそうなロウソクの炎が、元稹の横顔をぼんやりと照らし、雨交じりの風が窓の隙間《すきま》から吹き込む、寒い夜でした。

朝廷で順調に出世していた大親友の白居易が、突然、三、四階級も降格されて地方に左遷されたと知り、元稹は大きなショックを受けました。そうして、友を励ますために、いくつもの詩を書いては破り、書いては破りした末に書き上げたのが、右のたった四行の詩でした。

左遷された友人に慰めの言葉をかけるわけでもなければ、友人を左遷に追いやった人々を声高になじるわけでもなく、ただ淡々と左遷を知ったときの自分の動揺だけを伝える右の詩には、親友を気遣う元稹の真情があふれています。

残灯無焔影幢幢
此夕聞君謫九江
垂死病中驚坐起
暗風吹雨入寒窓

知っておきたい言葉

幢幢／薄暗い光がゆらめく様。
謫／左遷する。
垂死／今にも死にそうなこと。瀕死《ひんし》。

●一杯一杯、また一杯

両人《りようにん》　対酌《たいしやく》して山花《さんか》開《ひら》く
一杯《いつぱい》一杯《いつぱい》　復《ま》た一杯《いつぱい》
我《われ》酔《よ》うて眠《ねむ》らんと欲《ほつ》す　卿《きみ》且《しば》らく去《さ》れ
明朝《みようちよう》　意《い》有《あ》らば　琴《こと》を抱《いだ》いて来《き》たれ

――李白《りはく》「山中《さんちゆう》にて幽人《ゆうじん》と対酌《たいしやく》す」詩

山中で、花を愛でながら、二人差し向かいで酒を酌《く》み交《か》わした。一杯、一杯、また一杯。気持ちよく酔った私は、なんだか眠くなってきた。私はこれから、一眠りしようと思うから、君もひとまず引き上げてくれないか。明日の朝、気が向いたら、琴を抱いてまた来てくれたまえ。

両人対酌山花開
一杯一杯復一杯
我酔欲眠卿且去
明朝有意抱琴来

ある日、李白《りはく》は、春の花咲く山中で、隠者と酒を酌《く》み交《か》わしました。俗世間のしがらみや、利害関係から解き放たれた自由な相手と飲む酒は、よほど美味《おい》しかったのでしょう。一杯、一杯、また一杯と、どんどん杯《さかずき》が進み、さすがの李白も酔って眠くなってしまいました。

そこで李白は、隠者に向かって、こう言いました。「僕は今から一眠りするから、君もひとまず帰ってくれないか。そうして明日の朝、もしも気が向いたなら、今度は琴を持ってまた来てくれないか。明日は、琴でも爪弾《つまび》きながら、また二人で酒盛りの続きをやろうじゃないか」と。

普通なら、いくら親しい間柄でも、「眠くなったから、もう帰ってくれ」とは、なかなか言えないものですが、こういう言いにくいことをさらりと言えるところが、李白の人間的な大きさであり、魅力です。

自分にも、こんな気取らない友人関係が築けたならと、誰もが憧れ、夢想せずにはいられない詩です。

●「サヨナラ」ダケガ人生ダ

君《きみ》に勧《すす》む　金屈巵《きんくつし》
満酌《まんしゃく》　辞《じ》するを須《もち》いず
花発《はなひら》いて　風雨《ふうう》多《おお》し
人生《じんせい》　別離《べつり》足《た》る

――于武陵《うぶりょう》「酒《さけ》を勧《すす》む」詩

君に黄金の杯《さかずき》を勧《すす》めよう。なみなみと注《つ》いだ酒をどうか断らないでくれ。花が咲けば風雨に散らされてしまうように、出会いに別れはつきものなのだから。

于武陵《うぶりよう》は、旅立つ友に黄金の杯《さかずき》を手渡し、美酒をなみなみと注ぎながら、こう語りかけました。「ようやく咲いた花が雨風に散らされてしまうように、人生に試練はつきものだ。会うは別れの始めというが、君との出会いも結局は別れの序章にすぎなかったね。残念だけれど、人生とは結局、そういうものだから、今日は酒でも飲みながら、盛大に別れを惜しもうじゃないか」と。

右は、取り立てて特徴のある送別詩ではありませんが、日本では井伏鱒二《いぶせますじ》氏がこの詩を翻訳したことによって有名になりました。

コノサカヅキヲ受ケテクレ
ドウゾナミナミツガシテオクレ
ハナニアラシノタトヘモアルゾ
「サヨナラ」ダケガ人生ダ

翻訳が原作を超えることもあるということを、私は井伏氏の訳を読んで、初めて知りました。

勧君金屈巵
満酌不須辞
花発多風雨
人生足別離

知っておきたい言葉

金屈巵／取っ手のついた黄金の酒杯。
不須／〜する必要はない。

●飲まずにいられないときもある

葡萄《ぶどう》の美酒《びしゅ》　夜光《やこう》の杯《はい》
飲《の》まんと欲《ほっ》すれば　琵琶《びわ》　馬上《ばじょう》に催《うなが》す
酔《よ》うて沙場《さじょう》に臥《ふ》す　君笑《きみわら》うこと莫《な》かれ
古来《こらい》　征戦《せいせん》　幾人《いくにん》か回《かえ》る

——王翰《おうかん》「涼州詞《りょうしゅうし》」詩

夜光の杯《さかずき》に葡萄の美酒を満たし、飲もうとしたところで、どこからか馬上で奏でる琵琶《びわ》の音が聞こえてきた。琵琶の音《ね》が飲めと促《うなが》すので、思わず飲みすぎて砂漠に倒れ込んでしまったが、君よ、どうか笑わないでくれたまえ。古来、出征《しゅっせい》して、無事に生還した者など、ほんのわずかしかいないのだから。

異民族との衝突が絶えなかった唐《とう》代の西域《せいいき》の前線基地には、中国各地から大勢の兵士が集められていました。

死と隣りあわせで生きる兵士たちの心を解きほぐすのは、シルクロードから伝わった赤い葡萄《ぶどう》酒。夜になると光る西域特産の白玉のグラスにワインを注げば、白いグラスにワインの赤が映えて、うっとりするほどの美しさです。誰かが馬上で奏でる哀切な琵琶《びわ》の音《ね》が、心の奥底に封じ込めていた望郷の念をあぶり出し、兵士の杯《さかずき》をあおる速度はいやがおうでも早まります。

「砂漠の上で酔いつぶれた僕を、不甲斐《ふがい》ないなどと笑わないでくれ。古来、戦争に駆り出されて、無事、故郷に帰りついた者など、ほとんどいないのだから」

エキゾチシズムとセンチメンタリズムが絶妙に融合した右の詩は、シルクロードへの憧れを誘ってやまない唐詩の傑作です。

ちなみに、夜光杯は現在、西域を代表する土産物になっています。

葡萄美酒夜光杯
欲飲琵琶馬上催
酔臥沙場君莫笑
古来征戦幾人回

知っておきたい言葉

夜光杯／夜になると光るという、西域産の白玉で作られた酒杯。ガラス製のワイングラスだとする説もある。

●飲んでも飲んでも、心が晴れるわけじゃない

百年《ひゃくねん》　三万六千日《さんまんろくせんにち》
一日《いちにち》須《すべか》らく傾《かたむ》くべし　三百杯《さんびゃくはい》

――李白《りはく》「襄陽《じょうよう》の歌《うた》」詩より

人間は、百歳まで生きたとしても三万六千五百日しか生きられないのだから、せめて一日に三百杯は酒を飲もうと、飲兵衛の私は思うのだ。

自分のことを、酒の中に住む仙人―酒中仙《しゅちゅうせん》―と称した李白《りはく》は、無類の酒好きでした。そんな李白が、いつものように酒を飲んでいたとき、ふと妙な疑問が脳裏をかすめました。「自分は人生の中で、あと何杯くらい酒を飲めるのだろう」。残り少なくなった自分の人生を、酔眼朦朧《すいがんもうろう》とした目で指折り数えていた李白は、自分に残された日数の少なさに愕然《がくぜん》としました。そして、こう決意しました。

「人生を百年とすれば、人間が生きられるのは、たかだか三万六千五百日にすぎない。まして今の自分に残された日数は、もっとずっと短いのだから、これからは一日に三百杯ずつ酒を飲むことにしよう」と。

唐《とう》代の酒は、アルコール度数がかなり低かったようですが、それでも、一日に三百杯もの酒を飲むのは、快楽を通り越して、かなりの苦行《くぎょう》です。好きな酒をひたすらに飲む。しかし、いつか酒の飲めなくなる日が訪れることも十分にわかっている。心のどこかに醒《さ》めた自分を感じつつ、浴びるように酒を飲む李白でした。

百年三万六千日
一日須傾三百杯

知っておきたい言葉

三万六千日／旧暦の一年は三百六十日。新暦の百年は三万六千五百日。

●うまい酒はここにある

清明《せいめい》の時節《じせつ》　雨紛紛《あめふんぷん》
路上《ろじょう》の行人《こうじん》　魂《こん》を断《た》たんと欲《ほっ》す
借問《しゃもん》す　酒家《しゅか》何《いず》れの処《ところ》にか有《あ》ると
牧童《ぼくどう》　遥《はる》かに指《ゆび》さす　杏花村《きょうかそん》

——杜牧《とぼく》「清明《せいめい》」詩

清明節《せいめいせつ》の日、霧雨の中を歩く旅人は、悲しみで魂も消え入らんばかり。牛飼いの少年に居酒屋の場所を尋ねると、少年は遥か彼方《かなた》にある白い杏《あんず》の花咲く村を指《ゆび》さした。

春分の日から十五日目に当たる、春真っ盛りの清明節《せいめいせつ》に、家族総出で郊外にある先祖の墓へ出かけ、墓参りをかねたピクニックをするというのが、古代から続く中国人の習慣です。

家族で楽しく過ごすべき清明節の日に、孤独に道を急ぐ旅人の心は望郷の念で一杯でした。清明節前後に雨が降るのは、中国ではよくあることとはいえ、今日の雨は、旅人の心をことさら滅入らせました。気分転換に酒でも飲もうと考えた旅人が、ちょうど近くを通りかかった牛飼いの少年に、この辺《あた》りに美味《おい》しい酒を飲ませる居酒屋はないかと尋ねると、少年は黙って彼方《かなた》にある杏《あんず》の花咲く美しい村を指さしました。満開の杏の花が雨に打たれて白くけむる村のたたずまいは、孤独な旅人の目には、幸せのありかを示す桃源郷《とうげんきょう》のように見えました。

日本や中国の街角で、「杏花村《きょうかそん》」「杏花酒」といった名前の銘酒や中国料理店を見つけたら、右の詩を思い出してください。心を癒す美味しい酒が、あなたを待っているかもしれません。

清明時節雨紛紛
路上行人欲断魂
借問酒家何処有
牧童遥指杏花村

知っておきたい言葉

清明／清明節。中国には、春分から十五日目の清明節に、家族揃って先祖の墓参りに行く習慣がある。

行人／旅人。

●一度は俺も「上司がなんだ！」と叫んでみたい

李白《りはく》は一斗《いっと》　詩百篇《しひゃっぺん》
長安市上《ちょうあんしじょう》　酒家《しゅか》に眠《ねむ》る
天子呼《てんしよ》び来《き》たるも船《ふね》に上《のぼ》らず
自《みずか》ら称《しょう》す　臣《しん》は是《こ》れ酒中《しゅちゅう》の仙《せん》と

――杜甫《とほ》「飲中八仙歌《いんちゅうはっせんか》」詩より

李白は酒を一斗飲む間に、詩を百篇も作ってしまう凄《すご》いやつだ。いつも酔っ払って、長安の酒場で眠りこけ、皇帝陛下のお召しがあっても、「俺《おれ》は酒中の仙人だ」などとうそぶいて、船に乗ろうとしない豪傑《ごうけつ》だ。

李白《りはく》の酒豪ぶりは、当時、長安《ちょうあん》でも噂《うわさ》の的《まと》でした。

李白は酒一斗《いっと》を一気に飲み干したといわれていますが、唐《とう》代の一斗は、現代の一升瓶、約三本強の酒量に相当します。唐代の酒は、現代に比べてアルコール度数が低かったとはいえ、一升瓶三本を一気に飲み干すとなれば、これはかなりの酒豪です。そして李白は、酒一斗を飲み干す間に、百篇もの詩を書き上げたというのですから、どうやら彼は、見事な詩句が次から次へと口をついて出てくる、音楽家でいうならモーツァルトのような天才肌だったようです。

皇帝からお召しがあっても、「オレは酒の中に住む仙人だ」とうそぶいて命令に従おうとしない李白を、無理やり酒場から連れ出さなければならなかった皇帝の使いこそ、いい面《つら》の皮ですが、傍観者《ぼうかんしゃ》でいられるなら、李白との酒宴は、さぞかし楽しかったに違いありません。

権力に媚《こ》びず、仙人のように自由に振舞い、誰もが息をのむ極上の詩を次々に書いては人を驚かした、李白の魅力満載《まんさい》の詩句です。

李白一斗詩百篇
長安市上酒家眠
天子呼来不上船
自称臣是酒中仙

知っておきたい言葉

一斗／唐代の一斗は約六リットル。現代日本の一斗は十八・〇三九リットル。

●お前だけだよ、迎えに出てくれるのは

帰《かえ》り来《き》たるも利《り》する所《ところ》無《な》ければ
骨肉亦喜《こつにくまたよろこ》ばず
黄犬却《こうけんかえ》って情有《じょうあ》り
門《もん》に当《あ》たりて臥《ふ》して尾《お》を揺《ゆ》らす

――潘図《はんと》「末秋《まつしゅう》に家《いえ》に到《いた》る」詩

何の得にもならないからと、家族は私の帰宅に冷淡だが、黄色い飼い犬だけは、伏《ふ》せをして尾を揺らしながら、門前で私を出迎えてくれた。

作者の潘図《はんと》がこのとき、どういう理由で家族に疎《うと》まれていたのかはわかりませんが、あるいは科挙《かきょ》の試験に何度も落ちて、家族から厄介者《やっかいもの》扱いされていたのかもしれません。

今日も、潘図が帰宅したとき、家の者は誰も迎えに出てくれませんでした。家族の冷たい仕打ちには、もう慣れたつもりの潘図ですが、それでもやはり、ため息をつきたくなるのが人情というものです。

しかし、潘図にも味方はいました。黄色い毛並みの飼い犬が、今日も門前で、ちぎれんばかりに尻尾《しっぽ》を振って、潘図を出迎えてくれたのです。「人間よりお前のほうが、温かな気持ちをもっているなんて、本当に不思議だね。いつも出迎え、ありがとう」。愛犬の頭を撫《な》でながら、潘図は思わず飼い犬に語りかけました。

満員電車の中でもみくちゃにされ、疲労困憊《ひろうこんぱい》の体で帰宅しても、出迎えてくれるのは愛犬だけ。そんな境遇に置かれた世のお父さんたちから、共感の声が聞こえてきそうな詩です。

帰来無所利
骨肉亦不喜
黄犬却有情
当門臥揺尾

知っておきたい言葉

骨肉／親兄弟。

●愛犬に慰められる夜もある

旧犬《きゅうけん》　愁恨《しゅうこん》を知《し》り
頭《こうべ》を垂《た》れて我《わ》が牀《しょう》に傍《そ》う

――杜甫《とほ》「舎弟《しゃてい》の消息《しょうそく》を得《う》」詩より

昔、飼っていた愛犬には、私のやるせない気持ちがわかったのだろう。愛犬は、悲しげに頭を垂れて、私のベッドに寄り添ってくれた。

反乱軍に占拠されていた長安《ちょうあん》と洛陽《らくよう》が、官軍の手によって、一年ぶりに奪還《だっかん》されたのを機に、杜甫《とほ》は故郷、洛陽の家に戻りました。

久しぶりに見る洛陽の街はすっかり荒れ果て、乱を避けて疎開した弟も、まだ家に戻ることができずにいました。弟が疎開先でどんなに苦労しているかと思うと、杜甫は兄として、弟の面倒すら十分に見ることのできない自分を責めずにはいられませんでした。

杜甫がベッドの端に座って物思いに沈んでいると、久しぶりに再会した杜甫家の飼い犬が、悲しげな様子で足元に腰を下ろし、まるで慰めようとでもするかのように、杜甫の足にそっと自分の体を押し当てました。

人間より体温が一、二度高い犬の体は、どんな暖房器具よりも優しい温かさに満ちています。杜甫の足元に押しつけられた愛犬の温かな体は、一家離散を悲しむ杜甫の心を静かに温め癒してゆきました。

主人を気遣《きづか》う犬と、愛犬をいとおしむ飼い主の、心温まる詩です。

旧犬知愁恨
垂頭傍我牀

知っておきたい言葉

愁恨／憂いと恨《うら》み。

牀／寝台。ベッド。日中はソファーとしても使用していた。

●飛び回るお前の姿は苦労を忘れさせてくれるよ

旧犬《きゅうけん》　我《わ》が帰《かえ》るを喜《よろこ》び
低徊《ていかい》して衣裾《いきょ》に入《い》る

――杜甫《とほ》「草堂《そうどう》」詩より

私が昔飼っていた愛犬は、私の帰宅を喜び、服の裾《すそ》にまつわりついて離れようとしなかった。

旧犬喜我帰
低徊入衣裾

戦乱を避けるために、成都《せいと》を脱出していた杜甫《とほ》とその家族は、一年半ぶりに成都の自宅に帰りました。成都の家に置き去りにされていた杜甫の愛犬は、飼い主一家の突然の帰宅に興奮し、杜甫の周りをぐるぐると駆け回って、喜びを爆発させました。

懐かしい飼い主の匂いを胸いっぱいに吸い込みたくて、杜甫の着物の裾《すそ》の中に必死でもぐり込もうとする愛犬の行動には、杜甫一家も思わず笑いを誘われたに違いありません。愛犬から大げさな歓迎を受けながら、杜甫は無事、我が家にたどりついた安堵《あんど》感を、しみじみと嚙《か》みしめていました。

大人になると、自意識が邪魔して、素直に自分の感情を表現できないことがあります。しかし、自意識などという、ややこしいものを持たない犬たちは、驚くほど素直に感情を表します。自分を飾ることも、人目を気にすることもなく、いついかなるときも一所懸命に行動する犬の姿に心癒されるのは、杜甫だけではないはずです。

知っておきたい言葉

低徊／行きつ戻りつすること。

衣裾／着物の裾。

唐代詩人中、一番の愛犬家は杜甫！

今、中国の高額所得者の間では、空前のペットブームが巻き起こっています。二〇〇五年の北京市民の平均年収は一万七千六百五十三元だそうですが、北京で犬を飼育するときに必要な登録料は一頭につき五千元と、市民の平均年収の三分の一もの高額に設定されています。これがもし日本なら、愛犬家の暴動が起きそうですが、北京でそんな暴動が起こったという話は聞いたことがありません。それどころか最近では、北京市内に飼い主が愛犬を連れて入ることのできるドッグ・カフェが開店するなど、ペット産業の過熱ぶりはとどまるところを知らぬ勢いです。

唐《とう》代にも熱心な愛犬家はおり、特に宮中では、ペキニーズ（北京狗）やシーズー（獅子狗）に似た長毛の小型犬が大切に飼育されていました。一般家庭では犬は番犬として広く飼育されていたらしく、白居易《はくきょい》の詩の中には、犬や鶏を連れた引っ越し風景が楽しげに描かれています。

一方、飢饉《ききん》や戦乱に追われて各地を放浪した杜《と》甫《ほ》には、愛犬まで連れて引っ越す余裕がなかったらしく、詩中には、杜甫と旧宅に置き去りにされた愛犬たちとの再会場面がしばしば登場します。子供を見れば親がわかるように、犬を見れば飼い主がわかります。置き去りにされてもなお杜甫を慕《した》う犬たちの姿からは、杜甫の犬たちへの深い愛情が読みとれます。

唐代詩人中、一番の愛犬家は杜甫で決まりです！

第六章
サヨナラ、また会おう

●みんな、どうしているだろう

独《ひと》り異郷《いきょう》に在《あ》りて異客《いかく》と為《な》り
佳節《かせつ》に逢《あ》う毎《ごと》に 倍《ますます》 親《しん》を思《おも》う
遥《はる》かに知《し》る 兄弟《けいてい》 登高《とうこう》の処《ところ》
遍《あまね》く茱萸《しゅゆ》を挿《さ》して一人《いちにん》を少《か》けるを

――王維《おうい》「九月九日山東《くがつここのかさんとう》の兄弟《けいてい》を憶《おも》う」詩

見知らぬ土地に一人で暮らしていると、祝日がくるたびに、故郷の家族がよりいっそう、恋しくなる。今頃、故郷では、兄弟たちが丘に登り、赤いカワハジカミの実のついた枝を髪にさして重陽《ちょうよう》の節句《せっく》を祝いながら、私の不在を噂《うわさ》しあっていることだろう。

王維《おうい》は十七歳のとき、科挙《かきょ》を受験するために、長安《ちょうあん》で一人暮らしをしていました。

年若い王維は、大都会、長安での一人暮らしに、寂しさをつのらせていたのでしょう。唐《とう》代には、九月九日の重陽《ちょうよう》の節句《せっく》に、家族みんなで丘に登り、赤いカワハジカミの実のついた枝を髪にさして厄除《やくよ》けをする習慣がありましたが、長安で一人暮らしをしていた王維はこの年、家族と共に節句を祝うことができませんでした。今頃、故郷の家族は皆で丘に登り、カワハジカミの枝を髪にさして、ピクニックを楽しんでいるのだろうと思うと、よけいに一人でいることが寂しく思われ、家族が恋しくなる王維少年でした。

十七歳には、十七歳にしか書けない詩があります。右の詩を読んでいると、生まれて初めて親元を離れ、たった一人で大晦日《おおみそか》の夜を過ごした十代の頃の、あの何とも言えず切ない気持ちが蘇《よみがえ》ってくるから不思議です。

独在異郷為異客
毎逢佳節倍思親
遥知兄弟登高処
遍挿茱萸少一人

知っておきたい言葉

九月九日／重陽の節句。家族揃って丘に登り、髪に茱萸《しゅゆ》（カワハジカミ）の枝をさして厄払いをする祝日。

異客／旅人。

倍／ますます。

●手紙の中の一文字一文字が、僕の心を伝えてくれる

洛陽城裏《らくようじょうり》　秋風《しゅうふう》を見《み》る
家書《かしょ》を作《つく》らんと欲《ほっ》して　意《い》　万重《ばんちょう》
復《ま》た恐《おそ》る　怱怱《そうそう》として説《と》いて尽《つ》くさざるを
行人《こうじん》発《はつ》するに臨《のぞ》んで　又《また》　封《ふう》を開《ひら》く

——張籍《ちょうせき》「秋思《しゅうし》」詩

洛陽の街に秋風が吹き始めた。故郷の家族に宛《あ》てて手紙を書こうとしたら、書きたいことが次から次へとわいてきてとめどがない。慌《あわただ》しく書いたので、自分の気持ちを書きつくせていない気がして、手紙を届けてくれる旅人が出発する間際《まぎわ》に、また手紙の封を開いた。

唐代《とう》にはまだ、私信を運ぶ郵便制度がありませんでした。公文書《こうぶんしょ》を運ぶ駅伝制度は整っていましたが、公文書以外の私的郵便物は、宛先《あてさき》の近くへ向かう旅人に手紙を託して、個人的に届けてもらう以外に方法がありませんでした。

というわけで、故郷の家族に手紙を届けてくれる旅人をようやく見つけ出した張籍《ちょうせき》は、急いで手紙を書いて、旅人に手渡しました。しかし、旅人に手紙を手渡したとたん、何か大切なことを書き忘れているような不安に駆られ、出発間際《まぎわ》の旅人から、張籍は大慌《おおあわ》てで手紙を取り戻しました。故郷の家族に、いつまた手紙を出せるかわからないだけに、張籍は飽きることなく幾度も手紙を書き直しました。

メールも電話も郵便制度もない時代。手紙に記された言葉は、書き手によって幾度も推敲《すいこう》され、受け手によって幾度も読み返されました。日夜、大量に送受信される現代の携帯メールにはない言葉の重みが、ここにはあります。

洛陽城裏見秋風
欲作家書意万重
復恐怱怱説不尽
行人臨発又開封

知っておきたい言葉

家書／家族に宛てた手紙。
万重／幾重にも重なること。
復／また。もう一度。
怱怱／慌《あわただ》しい様。
行人／旅人。

●ひと言、元気だよと伝えてほしい

馬上《ばじょう》　相逢《あいあ》いて　紙筆《しひつ》無《な》し
君《きみ》に憑《よ》って伝語《でんご》して　平安《へいあん》を報《ほう》ぜん

――岑参《しんじん》「京《けい》に入《い》る使《つかい》に逢《あ》う」詩より

旅の途中、馬上であなたに会ったので、残念ながら手紙を書く紙も筆もないが、私は元気にしていると、どうか故郷の家族に伝えてほしい。

馬上相逢無紙筆
憑君伝語報平安

岑参《しんじん》は、長安《ちょうあん》から遠く離れた辺境の地、安西《あんせい》（現在の新疆《しんきょう》ウイグル自治区）での就職が決まり、いつ果てるとも知れぬ広大なゴビ砂漠を旅していました。

　ある日、砂漠の真ん中で、長安へ戻る途中の朝廷の使者と出会った岑参は、馬の背に乗ったまま使者と挨拶《あいさつ》をかわしました。故郷の家族が自分の身を案じていることを知っていた岑参は、できることなら、手紙を書いて使者に手渡したかったのですが、まさか砂漠のど真ん中で墨をすり始めるわけにもゆかず、岑参はしかたなく、口頭で家族への伝言を頼みました。「私は元気にゴビ砂漠を旅しているから、どうか安心してほしい」と。

　留守を守る家族が、旅行に出かけた家人から、「無事でいる」との連絡をほしがる気持ちは、今も昔も変わりません。人を介して手紙を渡す以外に通信手段が何もなかった時代に、短いとはいえ、無事との伝言を家族に伝えることのできた岑参は、幸運でした。

●月を見るたびに思い出すのは…

牀前《しょうぜん》　月光《げっこう》を看《み》る
疑《うたご》うらくは是《こ》れ地上《ちじょう》の霜《しも》かと
頭《こうべ》を挙《あ》げて山月《さんげつ》を望《のぞ》み
頭《こうべ》を低《た》れて故郷《こきょう》を思《おも》う

――李《り》白《はく》「静夜《せいや》の思《おも》い」詩

厳冬の夜、ふと目覚めると、ベッドの前が白く光っていたので、霜《しも》でも降りたのかと驚いたが、よく見たら月光が差し込んでいたのだった。窓から月を見上げていたら、かつて故郷の家で月を見ていた頃を思い出し、懐かしさと切なさで、少し胸が熱くなった。

牀前看月光
疑是地上霜
挙頭望山月
低頭思故郷

ある夜、李白《りはく》が目覚めると、ベッドの前方が白く光っていました。寒さのあまり、室内にまで霜が降りたのかと疑った李白でしたが、よく見れば、窓から月光が差し込んでいただけでした。月光に誘われるまま、李白が窓から外を眺《なが》めると、山の端《は》にかかる月が見えました。

中国の伝説によれば、月には、望郷の念を噛《か》みしめながら暮らす孤独な男女が幽閉されているといいます。一人は、夫の持っていた不老不死の薬を盗み飲んで月に逃れた嫦娥《じょうが》。もう一人は、地上で犯した罪を償《つぐな》うために、切っても切っても倒れない桂《かつら》の木を、ひたすら切り続けている呉剛《ごこう》です。月世界で暮らす寂しい二人の望郷の念が、この夜、李白に乗り移ったのでしょうか。「あぁ、昔もこうして、故郷の家の窓からよく月を見上げたなぁ」と思った李白は、なぜか急に故郷が恋しくなったのでした。

ちなみに中国神話では、月に棲《す》むウサギがついているのは、餅ではなく、不老不死の仙薬だといわれています。

●故郷を出た、あの日が僕の原点

峨眉山月《がびさんげつ》　半輪《はんりん》の秋《あき》
影《かげ》は平羌江水《へいきょうこうすい》に入《い》りて流《なが》る

——李白《りはく》「峨眉山月《がびさんげつ》の歌《うた》」詩より

故郷を出発した私を見送るように、峨眉山の上には秋の半月が輝き、平羌江に映った月光が、きらきらと光りながら川面《かわも》を流れていた。

そこへ帰れば、いつでも初心に戻って人生をリセットできる。そんな原点をもっている人は幸せです。

李白《りはく》にとっての人生の原点は、大志を抱いて故郷を旅立った二十五歳頃の秋の夜、峨眉山《がびさん》の上に輝いていた月でした。

李白が小船に乗って故郷を出発した夜、故郷を代表する山である峨眉山の山頂には、美しい半月が輝き、平羌江《へいきょうこう》に差し込んだ月光が、キラキラと光りながら、いつまでもいつまでも小船に並走して、旅立つ李白を見送りました。

李白はこの後、二度と故郷に帰ることはありませんでしたが、彼の旅立ちを祝福した月は、その後もずっと李白の人生に寄り添い続けました。

李白は、故郷を思っては月を見上げ、人づきあいに嫌気がさしたと言っては、月と酒を酌《く》み交《か》わしながら、死の間際まで、月を友として生涯を過ごしました。

峨眉山月半輪秋
影入平羌江水流

知っておきたい言葉

峨眉山／四川省《しせんしょう》にそびえる名山。

平羌江／峨眉山の麓《ふもと》を流れる川の名前。

●最後にもう一杯、酒を飲もうよ

渭城《いじょう》の朝雨《ちょうう》　軽塵《けいじん》を浥《うるお》し
客舎《きゃくしゃ》　青青《せいせい》　柳色《りゅうしょく》　新《あら》たなり
君《きみ》に勧《すす》む　更《さら》に尽《つ》くせ　一杯《いっぱい》の酒《さけ》
西《にし》のかた陽関《ようかん》を出《い》ずれば　故人《こじん》無《な》からん

——王維《おうい》「元二《げんじ》の安西《あんせい》に使《つかい》するを送《おく》る」詩

朝の雨が、渭城の街の砂ぼこりを洗い流し、旅館の周りに植えられた柳の緑をいっそう鮮やかに見せている。さぁ、君。もう一杯、酒を飲みたまえ。西方にある陽関を出たら、もう友人もいないのだから。

王維《おうい》は、西域《せいいき》へ朝廷の使者として旅立つことになった友人、元二《げんじ》と共に、前夜、渭城《いじょう》の旅館に宿泊し、一晩じっくりと別れの酒を酌《く》み交《か》わしました。そして迎えた別れの朝。優しい春の雨に濡《ぬ》れて土ぼこりが収まり、旅館の周囲には旅立ちにふさわしい清々《すがすが》しい空気が漂っていました。唐《とう》代には、柳の枝を手折《たお》って旅立つ者に贈る風習がありましたが、その別れの象徴である柳も雨に洗われ、瑞々《みずみず》しい緑に輝いていました。

旅立ちにふさわしい、完璧な朝でしたが、元二との別れが辛《つら》くてたまらない王維は、友を引き止め、「最後にもう一杯だけ酒を飲んで行きたまえ」と勧《すす》めました。「陽関《ようかん》を越えたら、その先は延々と砂漠が続くばかり。一緒に酒を酌み交わす友人すら、君にはもういないのだから」。これからの友の孤独を思いやっての、温かな言葉でした。

旅立つ友人を、こんなふうに見送ることができたなら、きっと生涯の友となれるに違いありません。

渭城朝雨浥軽塵
客舎青青柳色新
勧君更尽一杯酒
西出陽関無故人

知っておきたい言葉

渭城／長安《ちょうあん》の西北郊外にあった街。唐代の人々は、西域に旅立つ人をここで見送った。

陽関／西域との交通の重要拠点。関所。

故人／友人。

●田舎へ帰っても元気でいろよ

馬《うま》より下《お》りて君《きみ》に酒《さけ》を飲《の》ましむ
君《きみ》に問《と》う　何《いず》くにか之《ゆ》く所《ところ》ぞと
君《きみ》は言《い》う　意《い》を得《え》ず
南山《なんざん》の陲《ほとり》に帰臥《きが》せんと
但《た》だ去《さ》れ　復《ま》た問《と》うこと莫《な》からん
白雲《はくうん》尽《つ》くる時《とき》無《な》し

――王維《おうい》「送別《そうべつ》」詩

まぁ、馬から下りて酒でも飲みたまえ。ところで君は、これからどこへ行くつもりなのか。君は答えた。何ごとも思うようにゆかぬので、南山に隠棲《いんせい》しようと思う、と。それなら君よ、行きたまえ。僕はもう何も尋ねまい。君が行く南山の辺《あた》りには、白い雲がつきることなくわき出しているだろう。

下馬飲君酒
問君何所之
君言不得意
帰臥南山陲
但去莫復問
白雲無尽時

知っておきたい言葉

帰臥／官職を辞して隠棲すること。

ある日、王維《おうい》は、都会での生活を捨てて、山中に引っ越そうとしている友人と、こんな会話を交わしました。

王維―ねぇ君。馬から下りて、一緒に酒でも飲まないか。そうして君が、なぜ街での生活を捨てようとしているのかを、詳《くわ》しく話してくれないか。

友人―あなたもよくご存じのように、この世には、思いどおりにならぬことがあまりにも多いので、私は世を捨てて、南山《なんざん》の麓《ふもと》で一人静かに暮らそうと決心したのです。

王維―なるほど、君の気持ちはよくわかる。もう引き止めはしないから、南山へ行きたまえ。白い雲のたなびく南山の地は、きっと君に充実した人生をもたらしてくれるだろう。

地位や名誉、富などといった世俗的価値に背を向けて、たった一人、自然の中で暮らすことを決意した友人に、王維は深い理解を示しました。唐《とう》代版のスローライフ宣言です。

訓読は中国語の日本語訳だと心得よ！

昔むかし、日本語と語順のまったく異なる中国語の文章に、「一」「二」と数字をふって語順を変えれば、日本語風に読めるのではないかと思いついた日本人がいました。

日本語は「○は×を△する」というように、「主語＋目的語＋動詞」の順で並びますが、中国語は「○は△する×を」というように、「主語＋動詞＋目的語」の順で並んでいます。訓読《くんどく》とは、「レ点《てん》」や「一二点《いちにてん》」といった「返り点《かえりてん》」をつけて、中国語の語順を日本語の語順に直した後、日本語に必要な助詞や活用語尾（送り仮名《おくりがな》）を追加して、中国語文を日本語風に読むことをいいます。

たとえば「知天命」という中国語を訓読すると、「天命《てんめい》を知《し》る」となります。

漢文は、奈良時代頃までは、「知天命《ちてんめい》」というように中国語の語順のまま音読されていましたが、平安時代以降は、日本語風に訓読して読まれるようになりました。

現代人が漢文の訓読に手を焼くのは、外国語である中国語を、現代日本語に翻訳するだけでも難しいのに、訳文を平安時代の日本語、つまりは古語にしなければならないという点にあります。英語を知らない人が英字新聞を読もうとしても無理なように、中国語を知らない人が漢文を訓読するのは、どう考えても不可能です。本当は、訓読などできなくて当たり前なのです。

ちなみに、訓読は翻訳の一種なので、翻訳者によって、訓読のしかたが微妙に異なります。

リアルな杜甫のリアルな死亡伝説

学生と一緒に唐詩を読んでいると、時々、若者の感受性の強さに圧倒されるときがあります。

李白《りはく》の「月下独酌《げつかどくしやく》」詩（二〇六ページ参照）を読んだ女子学生が、「李白の孤独さに耐えられない」と言って、突然号泣し始めたり、杜甫《とほ》の「岳《がく》陽楼《ようろう》に登《のぼ》る」詩（二二八ページ参照）に感動した男子学生が、洞庭湖《どうていこ》の湖面に天と地が映った自作の抽象画を教室に持ってきたり…と、実に様々なことが起こります。

杜甫は、常に社会的弱者の立場に立って詩を書き続けた、真面目な詩人ですが、意外に学生受けがよく、杜甫の死亡伝説を紹介するたびに、熱烈な杜甫ファンから猛烈な抗議をくらいます。

家族を連れた杜甫が小船に乗って最後の旅に出てから二年後のこと。大水に進路を阻《はば》まれ、船中で立ち往生していた杜甫一家の窮状を見て、地元の県知事が牛肉と酒を差し入れてくれました。しかし、体力が衰えていた杜甫は、差し入れの牛肉と酒にあたって、そのままこの世を去ってしまいました、というのが杜甫の死亡伝説のあらましです。貧しさと飢えに追い立てられるように放浪し続けた杜甫の人生を象徴するような、何とも痛ましい伝説だけに、感受性の強い学生には耐えきれないらしく、「そんな伝説、知りたくなかった!」と怒る学生もいます。

しかし、この伝説には、人生というものの残酷さを剝《む》き出しで見せつけるような何かがあると、私は思うのです。

●見送る者の寂しさもわかってほしい

故人《こじん》　西《にし》のかた黄鶴楼《こうかくろう》を辞《じ》し
煙花《えんか》　三月《さんがつ》　揚州《ようしゅう》に下《くだ》る
孤帆《こはん》の遠影《えんえい》　碧空《へきくう》に尽《つ》き
唯《た》だ見《み》る　長江《ちょうこう》の天際《てんさい》に流《なが》るるを

——李白《りはく》「黄鶴楼《こうかくろう》にて孟浩然《もうこうねん》の広陵《こうりょう》に之《ゆ》くを送《おく》る」詩

花咲く三月。敬愛する友が、黄鶴楼から揚州へと旅立った。友の乗った船は水平線の彼方《かなた》へ消えてしまったが、一人取り残された私は岸辺に立ちつくし、長江《ちょうこう》の水が水平線の彼方へ吸い込まれてゆくのを、ただじっと見つめ続けていた。

どのような別れであれ、立ち去る者より、取り残される者のほうが何倍も寂しいものです。立ち去る者は、次の目的地に興味を集中させることによって、寂しさをまぎらわすことができますが、残された者は、思い出の場所で、相手のいない欠落感《けつらくかん》をいつまでも嚙《か》みしめ続けなければなりません。

李白《りはく》が見送っているのは、孟浩然《もうこうねん》。地位や名誉を求めず、隠者のように暮らした、李白より十二歳年上の自由人です。

交通手段の発達した現代とは異なり、唐《とう》代では、友人といえども、一度別れてしまえば、いつまた会えるかわかりませんでした。孟浩然の乗った船が水平線の向こうへ消えてしまった後も、じっと船の跡を見つめ続ける李白の視線からは、取り残された者の孤独感と、孟浩然に対する断ちがたい思慕《しぼ》の念が伝わってきます。

こんなふうに見送られた孟浩然は幸せ者だと、誰もが羨《うらや》まずにはいられない、友を送る詩の傑作です。

故人西辞黄鶴楼
煙花三月下揚州
孤帆遠影碧空尽
唯見長江天際流

知っておきたい言葉

故人／古くからの友人。
煙花／春霞《はるがすみ》にけむる花々。
揚州／揚子《ようす》江《こう》沿岸で一番賑やかな街の名前。

●見送ってくれる、君の気持ちに感謝

李白《りはく》　舟《ふね》に乗《の》りて将《まさ》に行《ゆ》かんと欲《ほっ》す
忽《たちま》ち聞《き》く　岸上《がんじょう》　踏歌《とうか》の声《こえ》
桃花潭《とうかたん》の水《みず》　深《ふか》さ千尺《せんじゃく》
及《およ》ばず　汪倫《おうりん》の我《われ》を送《おく》るの情《じょう》に

――李白《りはく》「汪倫《おうりん》に贈《おく》る」詩

私が船に乗って出発しようとしたとき、突然、岸辺から足踏み歌の声が聞こえてきた。見れば、汪倫が村人らと手をつなぎ、足踏みをしながら歌を歌っているではないか。桃花潭の深さは千尺もあるが、こうして私を見送ってくれる汪倫の友情の深さにはとても及ばない。

中国人はよく、「縁《えん》」という言葉を使います。偶然、出会った人と、気持ちが通いあったときに使われる「縁」という言葉には、互いの出会いを運命として肯定しようとする、温かな響きがあります。

ある村で、李白《りはく》は汪倫《おうりん》という名の人物と意気投合しました。李白は、汪倫の家に宿泊して友情を温めましたが、やがて村を去らねばならぬ日がやってきました。李白が船に乗り込み、村を去ろうとしたそのとき、岸辺から突然、歌声が聞こえてきました。見れば、汪倫が村人たちと手をつなぎ、足を踏み鳴らしながら、李白を見送ってくれているではありませんか。桃源郷《とうげんきょう》を連想させる「桃花潭《とうかたん》」という名の美しい川岸で歌われる素朴で力強い踏歌《とうか》に、李白は、汪倫と村人たちの深い友情を感じとって、胸をつかれました。

ところで、歴史上、無名の村民にすぎなかった汪倫は、李白のこの一首によって、文学史に永遠にその名をとどめることになりました。まさに「縁」。天の配剤《はいざい》としか思えない、二人の美しい出会いでした。

李白乗舟将欲行
忽聞岸上踏歌声
桃花潭水深千尺
不及汪倫送我情

知っておきたい言葉

踏歌／大勢の人間が手をつなぎ、足踏みしてリズムをとりながら歌う民謡。

潭／深い淵。

●一人で飲むのも、またいいさ

言《い》わんと欲《ほっ》して予《われ》に和《わ》する無《な》く
杯《さかずき》を揮《あ》げて孤影《こえい》に勧《すす》む

——陶潜《とうせん》「雑詩《ざつし》　十二首《じゅうにしゅ》」詩、その二《に》より

誰かに話しかけたいと思ったが、答えてくれる人がいないので、杯を挙げて自分の影に酒を勧めた。

欲言無予和
揮杯勧孤影

ある夜、思うにまかせぬ人生に苛立《いらだ》って、眠れなくなった陶潜《とうせん》は、寝床《ねどこ》から起き出して、酒を飲み始めました。誰かに思いのたけを吐露《とろ》したいと思った陶潜でしたが、真夜中のこととて、起きている人などいようはずもなく、しかたがないので、地面に映った自分の影に杯《さかずき》を挙げて、酒を勧《すす》めました。寡黙《かもく》な影と酒を酌《く》み交《か》わす、静かで孤独な真夜中の酒盛りでした。

ちなみに、このとき、陶潜の心を占めていたのは、「日月《じつげつ》　人《ひと》を擲《なげう》ちて去《さ》り、志《こころざし》　有《あ》れども騁《は》するを獲《え》ず」という思いでした。

夢に向かって、まっすぐに駆け出してゆきたいのに、妙なプライドや、将来への不安、家族に対する責任感などに足をとられて、なかなか駆け出せない。時代も人も、よどみなく流れてゆくのに、自分だけが、いつまでも同じ場所に取り残されている。そんな焦燥感《しょうそうかん》にさいなまれた夜は、心の中の陶潜と差し向かいで、真夜中の酒盛りをしてみるのも、一興《いっきょう》かもしれません。

●月と僕と僕の影。静かな酒もまた楽し

花間《かかん》　一壺《いっこ》の酒《さけ》
独酌《どくしゃく》　相親《あいした》しむ無《な》し
杯《さかずき》を挙《あ》げて明月《めいげつ》を邀《むか》え
影《かげ》に対《たい》して三人《さんにん》を成《な》す

――李《り》白《はく》「月下独酌《げつかどくしゃく》」詩、その一《いち》より

花咲く野に酒壺《さかつぼ》を一つ置き、誰もいないので、一人で酒をついで飲む。杯を挙げて月を招き寄せれば、月と自分と自分の影との、立派な三人連れができあがった。

人間には、いろいろな顔があります。居酒屋で、仲間と陽気に酒を飲みたいときもあれば、誰とも顔をあわさず、一人静かに飲みたいときもあります。この夜の李白《りはく》は、おそらく後者の気分だったのでしょう。春の花咲く野原でたった一人、酒を飲み始めた李白は、夜空の月と自分の影とを招き寄せ、三人で飲み始めました。月に向かって歌を歌い、影と共に楽しく踊り、したたかに酔った後は、月と影に別れを告げて、李白は春の夜の酒宴を終えました。

『荘子《そうし》』に「君子《くんし》の交《まじ》わりは淡《あわ》きこと水《みず》の若《ごと》し、小人《しょうじん》の交《まじ》わりは甘《あま》きこと醴《れい》の若《ごと》し」（教養人の交友は、水のようにあっさりしているが、教養のない人の交友は、甘酒のように甘い）という、友達づきあいに関する名言がありますが、この夜の李白は、俗世間にはびこる甘酒のような人間関係から抜け出したかったのでしょう。人間社会に背を向け、孤独と真正面から向きあったうえで、月と自分の影を相手に、さらりとした君子の交わりを結んでみせる李白は、やはり只者《ただもの》ではありません。

花間一壺酒
独酌無相親
挙杯邀明月
対影成三人

●僕も、いつかは死ぬのだから

今人《こんじん》は見《み》ず　古時《こじ》の月《つき》
今月《こんげつ》は曾《か》経《つ》て古人《こじん》を照《て》らす

――李《り》白《はく》「酒《さけ》を把《と》りて月《つき》に問《と》う」詩より

今の人が昔の月を見ることはできないが、今夜の月は、
昔の人々の頭上に輝いていたのと同じ月だ。

月と酒をこよなく愛した詩人、李白《りはく》は、ある夜、酒を飲みながら月に呼びかけました。

「おーい、月よ。君が夜空に輝くようになってから、どれくらいの年月がたったんだい。僕は、僕が生まれる前の、昔の月を見ることはできないけれど、昔の人たちが見上げていたのと同じ月を、今、僕も見上げているのだと思うと、なんだか不思議な気持ちになる。昔の人が今はもうこの世にいないように、きっと僕も、いつかは死んでゆくんだね。そうして君だけは、夜空に輝き続けるんだね。おーい、月よ。僕は、君のように長生きできないのだから、どうか僕が酒を飲むときぐらいは、酒樽《さかだる》の中の酒を月光で満たしてくれないか」

　何とも切ない李白の独白ですが、夜空に輝く澄んだ月を見上げていると、誰もが悲しい気持ちになるのはなぜでしょうか。李白が言うように、人間は、一人で生まれ、一人で死んでゆくものだということを、月が私たちに思い出させるからでしょうか。

今人不見古時月
今月曽経照古人

●孤高の道を歩むと決意した人へ

千山《せんざん》　鳥飛《ちょうひ》絶《た》え
万径《ばんけい》　人蹤《じんしょう》滅《めつ》す
孤舟《こしゅう》　蓑笠《さりゅう》の翁《おう》
独《ひと》り釣《つ》る　寒江《かんこう》の雪《ゆき》に

――柳宗元《りゅうそうげん》「江雪《こうせつ》」詩

寒さのために、山には飛ぶ鳥の姿すら見えず、雪の降《ふ》り積もった小道には、人の足跡《あしあと》すらない。雪の降りしきる川では、蓑笠《みのかさ》をつけた老人が一人、小船に乗って、釣りをしていた。

真っ白に雪化粧した山々には、飛ぶ鳥の影すら見えず、雪の降《ふ》り積もった道々には、人間の足跡《あしあと》が一つも見えません。そんな生命の痕跡《こんせき》が消えた極寒《ごっかん》の中で、蓑笠《みのかさ》をつけた老人がたった一人、小船に乗り、雪の降りしきる川で釣りをしていました。

白一色の世界に、釣り糸を垂れた老人と小船の姿だけが黒く浮かび上がる水墨画のような世界。音もなく、生命を感じさせるものが何もない、寒々とした白い虚無《きょむ》の中で釣りをする老人の姿からは、人間社会との関わりを一切拒絶し、孤高に生きることを決意した者の強い意志が伝わってきます。

ところで右は、ある政治事件に連座した柳宗元《りゅうそうげん》が、地方に左遷されていた頃に作った詩です。挫折体験は人間を磨《みが》くといいますが、雪の降りしきる中、一人、魚を釣る老人の姿は、汚濁《おだく》にまみれた社会の中に一人超然《ちょうぜん》と屹立《きつりつ》する、柳宗元の自画像でもありました。

凡人には耐えがたい、厳しい生き方です。

千山鳥飛絶
万径人蹤滅
孤舟蓑笠翁
独釣寒江雪

知っておきたい言葉

万径／無数の道。
人蹤／人の足跡。
寒江／寒々とした川。

あっと驚く李白伝説

星の数ほどいる中国の詩人の中から「友達にしたい詩人No.1」を選べと言われたら、李《り》白《はく》を選ぶ人が圧倒的に多いのではないでしょうか。

酒と旅と自由を愛した李白の生涯は、奇想天外な伝説であふれており、豪快な李白の人柄がいかに人々に愛されたかが伝わってきます。

李白の母が彼を身籠《みごも》った夜、太白《たいはく》星（金星のこと）が体の中に入り込む夢を見たことから、李白は名を「白」、字《あざな》を「太白《たいはく》」と名づけられました。

父親が異民族の出身であったために、緑色の目をしていたとの伝説も残る李白は、文武両道に秀でた豪快な青年に成長し、険しい山中で道士《どうし》の修行に励《はげ》んだり、人助けのために親の遺産を使い果たしたり、ヤクザの世界に身を置いてみたりと、自由奔放《ほんぽう》、天衣無縫《てんいむほう》な青春を送りました。

腰のあたりに、「傲骨《ごうこつ》」という名の骨があったため、権力者の前にひざまずくことができなかったと伝えられる李白は、朝廷の官吏《かんり》となってからも、酔った勢いで玄宗《げんそう》皇帝の腹心《ふくしん》、高力士《こうりきし》に靴を脱がせるなどの問題行動を引き起こし、わずか一年半でクビになりました。

放浪に明け暮れた晩年は、反逆罪に問われるなどの不運にも見舞われましたが、最期は揚子《ようす》江《こう》に船を浮かべて酒を飲み、川面《かわも》に映った月をすくい取ろうとして溺死《できし》したと伝えられています。天界で罪を犯し、地上に流されてきた謫《たく》仙人、李白らしい死亡伝説です。

第七章
旅人になりたい

●美の発見者になろう

夫《そ》れ美《び》は自《みずか》ら美《び》ならず。人《ひと》に因《よ》って彰《あらわ》る。

――柳宗元《りゅうそうげん》「邕州馬退山茅亭記《ようしゅうばたいざんぼうていき》」より

美しいものは、最初から美しいものとして人々に認識されているのではない。誰かが、その美を発見することによって、初めてその美しさが人々に認識されるのだ。

秋の夜、草むらでリィンリィンと鳴く鈴虫の音《ね》を、日本人は美しいと感じますが、西洋人には雑音にしか聞こえないといいます。右の柳宗元《りゅうそうげん》の言葉を借りるならば、日本には、鈴虫の音を「美しい音」として発見した人がいて、日本人はそれを日本民族全体の美意識とすることに成功したけれども、西洋には、そういう人がいなかった。もしくは鈴虫の音の美しさを発見した人はいたけれども、西洋文化圏共通の美意識となるまでには至らなかった、といえるかもしれません。

美しい音色や美しい風景は、最初から美しいものとして、この世に存在しているのではありません。誰かが、ある物の中に美を発見することによって、初めてその美が世に現れ、人々に認識されるのだということを、柳宗元はよく知っていました。

この世には、誰かに発見されるのを待っている美が、まだたくさん残っているはずです。日々の生活の中から、隠れた美を発見し、人類共通の財産にしてみませんか。

夫美不自美。因人而彰。

知っておきたい言葉

彰／明らかにする。はっきりと目に見える形にする。

●鮮やかな赤と深い赤。どちらの赤が好き？

遠《とお》く寒山《かんざん》に上《のぼ》れば　石径《せきけい》斜《なな》めなり
白雲生《はくうんしょう》ずる処《ところ》　人家《じんか》有《あ》り
車《くるま》を停《と》めて坐《そぞ》ろに愛《あい》す　楓林《ふうりん》の晩《くれ》
霜葉《そうよう》は二《に》月《がつ》の花《はな》よりも紅《くれない》なり

――杜牧《とぼく》「山行《さんこう》」詩

人気《ひとけ》のない山中の石ころ道をどこまでも登って行くと、白い雲のわき出るあたりに人家が見えた。車を止めて、夕暮れどきの楓《かえで》の林を眺《なが》めると、霜《しも》に当たって紅葉した楓の葉が、春真っ盛りの二月の花よりも赤く輝いていた。

　晩秋のある日、杜牧《とぼく》は車に乗って、山中へ散策に出かけました。人気《ひとけ》のない山中の石ころだらけの道を登って行くと、白い雲のたなびく山頂付近に人家が見えました。騒々しい俗世間を嫌って、山中に隠れ住んでいる隠者の家かもしれません。

　このとき、杜牧が乗っていた車は、輿《こし》のようなものだとも、馬車だとも言われ、定かではありませんが、清浄な空気に包まれた山中に車を止め、何気なく林に目をやった杜牧が目にしたのは、紅葉した楓《かえで》の葉に夕陽が当たって、林全体が赤々と燃え立つような光景でした。霜《しも》に当たった楓の葉は、春真っ盛りの二月の花以上に赤く輝いて、杜牧の心を圧倒しました。

　晩秋の冷たい霜に耐え、赤く色づいた紅葉は、春真っ盛りに咲く花々よりも赤く美しい。

「霜葉は二月の花よりも紅なり」句は、紅葉の美の源泉をみごとに言い当てた、歴史的名句です。

遠上寒山石径斜
白雲生処有人家
停車坐愛楓林晩
霜葉紅於二月花

知っておきたい言葉

坐／なんとなく。
霜葉／霜に当たって紅葉した楓の葉。
二月／陰暦では一～三月が春。二月は春真っ盛りの頃を指す。

●ときには体で自然を感じたい

西山《せいざん》の爽気《そうき》、我《わ》が襟袖《きんしゅう》に在《あ》り。

——柳宗元《りゅうそうげん》「邕州馬退山茅亭記《ようしゅうばたいざんぼうていき》」より

西方の山の爽《さわ》やかな空気が、襟《えり》や袖口の中にサッと入り込んできた。

西山爽気、在我襟袖。

忙しい毎日を過ごしていると、たまの休日に郊外へ遊びに出かける気になど、なかなかなれないものですが、ここはひとまず現実を忘れて、空気の澄みきった爽《さわ》やかな晴れの日に、高原を散策している自分の姿を想像してみてください。

小高い山の頂上に到着すると、一陣《いちじん》の涼やかな風が襟元《えりもと》や袖口から入り込み、身の内を通り抜けてゆきました。

澄んだ空気によって身体全体がまるごと清められたような、何とも爽やかな気持ち。こんな爽やかさに出会うためなら、週末を利用した一泊二日の強行軍でも、また来てもいいと思えるような、あの気持ち。ここ数日、あれほど頭を悩まし続けていた職場でのいざこざも、所詮《しょせん》は、井の中の蛙《かわず》たちの暗闘にすぎなかったと、素直に思えるような、あの気持ち。そんな誰もが一度は味わったことのある気持ちを、たった八文字で言い表したのが右の句です。

高原を旅するとき、散策の伴侶にしたい言葉です。

●沈む夕日を見に行こう

晩《くれ》に向《む》かいて　意《い》　適《かな》わず
車《くるま》を駆《か》りて古原《こげん》に登《のぼ》る
夕陽《せきよう》　無限《むげん》に好《よ》し
只《た》だ是《こ》れ黄昏《こうこん》に近《ちか》し

――李商隠《りしょういん》「楽遊原《らくゆうげん》に登《のぼ》る」詩

夕暮れどき、気持ちが晴れないので、馬車を走らせて楽遊原に登ってみた。地平線の彼方《かなた》に沈んでゆく真っ赤な夕日が、たとえようもない美しさで私を圧倒したが、この美しさは、夜の帳《とばり》が下りるまでの束の間のものに過ぎない。

夕暮れどき、鬱々《うつうつ》として気の晴れない李商隠《りしょういん》は、馬車を駆って長《ちょう》安《あん》郊外の楽遊原《らくゆうげん》へ向かいました。長安一の眺望を誇る高台《たかだい》、楽遊原は、古くから長安市民に親しまれてきた行楽地ですが、李商隠が到着した夕暮れどきには、人影もすでにまばらになっていました。

楽遊原から長安の街を見下ろしていた李商隠は、深紅色をした巨大な夕日が、長安の街を真っ赤に染め上げる壮大な風景に心を奪われました。しかし、夕日の背後には夜の闇《やみ》が迫っており、この美しい夕景も、数分後には闇の中に飲み込まれてしまう運命にありました。

ほんの一瞬、朝日よりも赤く大きく燃え上がった後、静かに暗闇の中へ吸い込まれていく夕日は、限られた時間しか地上にとどまることのできない、刹那《せつな》的美しさで、李商隠の心を魅了しました。

雄大な自然の前では、人間界のいざこざなど瑣末《さまつ》なことにすぎません。黙って夕日を見つめているうちに、いつの間にか心の靄《もや》が晴れていることに気づいた李商隠でした。

向晩意不適
駆車登古原
夕陽無限好
只是近黄昏

知っておきたい言葉

晩／日暮れ。
意／気持ち。
適／気持ちがよい。思いどおりである。
只是／しかし。

●海に流れ込む大河を見に行こう

白日《はくじつ》　山《やま》に依《よ》りて尽《つ》き
黄河《こうが》　海《うみ》に入《い》りて流《なが》る
千里《せんり》の目《め》を窮《きわ》めんと欲《ほっ》し
更《さら》に上《のぼ》る　一層《いっそう》の楼《ろう》

――王之渙《おうしかん》「鸛鵲楼《かんじゃくろう》に登《のぼ》る」詩

白く輝く太陽は西の山へ沈もうとし、黄色い黄河《こうが》は東の海へと流れてゆく。この壮大な風景を、千里の彼方《かなた》まで見極《みきわ》めたいと思い、大急ぎで展望台の最上階まで駆け上った。

白日依山尽
黄河入海流
欲窮千里目
更上一層楼

空には太陽が輝き、足元には黄色い黄河《こうが》の濁流が流れている様子を想像してみてください。太陽は西の山に沈みかけ、黄河は東の海めがけてゴウゴウと音をたてながら流れてゆきます。目の前に広がる壮大な風景に圧倒され、この風景を千里の彼方《かなた》まで見極《みきわ》めたいとの思いにかられた王之《おうし》渙《かん》は、大急ぎで楼閣《ろうかく》の最上階に駆け上りました。

何とも雄大な風景ですが、実はこれ、実景ではありません。王之渙が登った鸛鵲楼《かんじゃくろう》は三階建ての展望台で、眼下に黄河を見下ろす景勝地《けいしょうち》にありましたが、地理的には、ここから海を見ることはできません。黄河の水が東海へとなだれ込んでゆく、この壮大な風景は、ひょっとしたら、発展途上の唐《とう》王朝に吹く上昇気流が王之渙に見せた、幻《まぼろし》だったのかもしれません。

詩人が詩中に描き出す風景と、その時代の空気との間には密接な関係があります。平成の世に生きる日本人の心には、どんな風景が広がっているのでしょうか。

●天の川から流れ落ちる滝。そんな滝を見てみたい

飛流直下《ひりゅうちょっか》　三千尺《さんぜんじゃく》
疑《うたご》うらくは是《こ》れ銀河《ぎんが》の九天《きゅうてん》より落《お》つるかと

――李白《りはく》「廬山《ろざん》の瀑布《ばくふ》を望《のぞ》む」詩、その二《に》より

廬山の滝は、三千尺もの高さから真っ逆さまに落ちてくる。それはまるで、空から天の川が落ちてきたのかと錯覚するような壮大さだ。

遥か空の高みから、天の川の星々が水となって流れ落ち、ドッドッドッという瀑音《ばくおん》と共に、きらめくような飛沫《ひまつ》を周囲に飛び散らしている様を想像してみてください。なんという壮大さでしょう。この詩句を口ずさんでいると、胸の内に、まるで滝壺の横に立っているかのような爽快感《そうかいかん》が広がってくるから不思議です。

実際の廬山《ろざん》の滝は三千尺（約九百メートル）もありませんから、右の描写は李白《りはく》お得意の誇張《こちょう》表現ですが、「事実は小説よりも奇なり」の言葉どおり、何と地球上には三千尺の滝が実在します。落差世界一を誇る南米はギアナ高地のエンジェル・フォールがそれです。

まあ、いくら世界一の滝でも、天の川から流れ落ちているわけではありませんから、李白が、想像力と筆力だけで、天の川から落ちる壮大な滝の姿を私たちに見せてくれたことは、人類の幸福と言ってよいでしょう。

夏に読みたい名句です。

飛流直下三千尺
疑是銀河落九天

知っておきたい言葉

三千尺／約九百メートル。
銀河／天の川。
九天／古代中国では、天は九層になっていると考えられていた。九天は、九層の天の最も高みにある天のこと。

●ときには夜空を見上げてみよう

星《ほし》垂《た》れて平野《へいや》闊《ひろ》く
月《つき》湧《わ》きて大江《たいこう》流《なが》る

――杜甫《とほ》「旅夜《りょや》に懐《かい》を書《しょ》す」詩より

広大な平野の上に星々が広がり、大河の水面《みなも》に映った月が波に洗われて流れてゆく。

星垂平野闊
月湧大江流

家族と共に小船で長江《ちょうこう》を放浪していた五十四歳の杜甫《とほ》は、ある夜、神秘的な風景を目にしました。

夜空には満天の星が輝き、その下には広大な平野が広がっていました。地平線のあたりで星空と大地が重なりあい、まるで夜空の星々が大地に降《ふ》り注いでいるように見えました。目の前を流れる長江には夜空の月が映り、川面《かわも》の月は波に洗われて、きらきらと月光をきらめかせながら大河を下ってゆきました。

空気の澄んだ高原で満天の星々を眺《なが》めていると、ときどき、広大な宇宙に、たった一人、置き去りにされたような心細い気持ちになることがあります。唐《とう》代の夜は現代以上に闇が濃く、空気も遥かに澄んでいたでしょうから、杜甫が見た星々は、私たちが想像するよりも、ずっと鮮烈な光を放っていたに違いありません。

日本では、なかなかかないそうにありませんが、地平線に降る星々と、大河を流れる月光を見に出かけてみたくなる詩です。

●宇宙を映す鏡のような湖に行ってみよう

昔《むかし》聞《き》く　洞庭《どうてい》の水《みず》
今上《いまのぼ》る　岳陽楼《がくようろう》
呉楚《ごそ》　東南《とうなん》に坼《さ》け
乾坤《けんこん》　日夜《にちや》に浮《う》かぶ

――杜甫《とほ》「岳陽楼《がくようろう》に登《のぼ》る」詩より

昔から、洞庭湖の雄大さを聞いてはいたが、今ようやく岳陽楼に上って眺《なが》めることができた。呉楚の大地は、湖を境に東と南とに大きく引き裂かれ、湖面に映った天と地が日夜、湖中に浮かんでいた。

家族で小船に乗り込み、長江《ちょうこう》流域を放浪していた五十七歳の杜甫《とほ》は、死去する二年ほど前に、洞庭湖《どうていこ》に立ち寄りました。長安《ちょうあん》から遠く離れた南方に、洞庭湖という名の、海と見まごうばかりに大きな湖があるとは聞いていた杜甫でしたが、まさか自分の目でその湖を見る日がこようとは想像もしていませんでした。「昔聞く　洞庭の水、今上る　岳陽楼」句には、放浪につぐ放浪の人生を送ってきた杜甫の、「ずいぶん遠くまで来たものだ」という感慨《かんがい》が込められています。

洞庭湖一の眺望を誇る岳陽楼《がくようろう》の上から湖を眺《なが》めた杜甫は、そのあまりの壮大さに胸打たれ、その感動を、「中国の大地は洞庭湖によって東と南に真っ二つに切り裂かれ、その裂け目に満々とたたえられた水の上には、天と地—つまりはこの世の森羅万象《しんらばんしょう》が映り込んでいるようだ」と詩に書き記しました。

この詩によって、湖面に天地が浮遊する壮大なイメージを付与された洞庭湖には、今日も大勢の観光客がつめかけています。

昔聞洞庭水
今上岳陽楼
呉楚東南坼
乾坤日夜浮

知っておきたい言葉

洞庭湖／中国で二番目に大きな湖。

岳陽楼／洞庭湖の湖岸に建てられた展望台。ここから眺める洞庭湖は絶景といわれている。

呉楚／春秋《しゅんじゅう》戦国時代の呉《ご》国と楚《そ》国。長江流域一帯の地を指す。

乾坤／天と地。

●空飛ぶ仙人に会いに行こう

昔人《せきじん》已《すで》に白雲《はくうん》に乗《の》って去《さ》り
此《こ》の地《ち》空《むな》しく余《あま》す　黄鶴楼《こうかくろう》
黄鶴《こうかく》一《ひと》たび去《さ》って復《ま》た返《かえ》らず
白雲千載《はくうんせんざい》　空《むな》しく悠悠《ゆうゆう》

――崔顥《さいこう》「黄鶴楼《こうかくろう》」詩より

仙人はその昔、白雲に乗って去り、黄鶴楼だけが残された。黄色い鶴は去って帰らず、ただ白い雲だけが千年後の今も、当時のままの姿でゆったり浮かんでいる。

昔むかし、粗末な身なりをした老人が辛《しん》さんの居酒屋に来て、「酒を飲ませてくれ」と言いました。人のよい辛さんは嫌《いや》がりもせず、毎日、この老人にただで酒を飲ませました。半年が過ぎた頃、老人は、酒代の代わりにと、壁にみかんの皮で黄色い鶴の絵を描いて立ち去りました。辛さんの店の客が酒を飲んで歌を歌うと、壁の中の鶴が歌にあわせて舞い踊るのが評判を呼び、辛さんの居酒屋は大繁盛しました。そうして十年の後、再び店に現れた老人は、壁の中の黄色い鶴の背に乗って、白雲と共に去ってゆきました。辛さんは、黄鶴《こうかく》の背に乗って飛び去った仙人を記念して黄鶴楼《こうかくろう》を建てました。まだ、仙人が鶴に乗って空を飛んでいた時代のお話です。

さて、時は移り、数百年の後。黄鶴楼を訪れた崔顥《さいこう》の時代には、空飛ぶ仙人の姿はすでになく、空には白雲が浮かぶばかりでした。

文明の進歩と引き換えに、人類は空飛ぶ仙人の姿を見失ってしまったのかもしれません。

昔人已乗白雲去
此地空余黄鶴楼
黄鶴一去不復返
白雲千載空悠悠

知っておきたい言葉

黄鶴楼／中国江南《こうなん》地方を代表する三大楼閣の一つ。三国時代に創建されたと伝えられている。

千載／千年。永遠に近い長い年数を表す。実際の年数ではない。

唐の都、長安には百五十五メートル道路があった

あれは、小学五年生の頃だったでしょうか。郷土史の授業中、担任教師が故郷、名古屋の百メートル道路について語ったときの何とも誇らしげな様子を、私は今も鮮明に覚えています。

しかし世の中、上には上があるもので、今から千数百年も前に作られた唐《とう》の都、長安《ちょうあん》には、道幅がなんと百五十五メートルもある、巨大な道路がありました。

唐の都、長安は、その設計コンセプトからして破格の壮大さでした。大地を四角形だと信じていた唐の人々は、四角い大地の中央に同じ四角形の王都を建設することによって、長安が世界の中心であり、宇宙の中心であることの証《あかし》にしようとしました。

長安の総面積は八十四平方キロと、平安京の四倍もあり、人口百万人超の最盛期ですら、人家のまばらな地域が方々《ほうぼう》に残るほどの広大さでした。

また、街の中央を南北に走る朱雀大街《すざくたいがい》は全長五キロ、道幅が百五十五メートルもあり、交通手段が牛車や馬しかなかった時代には不釣合《ふつりあい》な大きさでした。が、実用性を無視したこの途方もない壮大さは、長安を世界の中心と位置づけるためにぜひとも必要な舞台装置でした。

平安京からやって来た阿倍仲麻呂《あべのなかまろ》や空海《くうかい》らが、長安の百五十五メートル道路を初めて目にしたときの驚きを想像してみてください。ひょっとしたら、日本人の中国コンプレックスは、このとき、刷り込まれたのかもしれません。

青い目の金髪美女が踊る夜

金髪碧眼《へきがん》の美男美女と国籍不明のアジア人が入り乱れ、多種多様の外国語が飛び交う喧騒《けんそう》の中で更《ふ》けてゆく東京は六本木の夜。こんな無国籍で都会的な夜の光景が、実は唐の都、長安《ちょうあん》でも夜毎繰り広げられていました。

国際都市、長安には、日本や朝鮮を始めとするアジア各国の留学生たちや、シルクロードを経由して長安へやって来た青い目をしたペルシャ系の商人たちが常時、数千人規模で滞在していました。東市《ひがしのいち》・西市《にしのいち》と呼ばれる商業地区には、中国内外から運び込まれた物資が山と積まれ、異国の商人たちが、怪《あや》しげな中国語で商談を繰り広げていました。

シルクロードを経由して伝えられる異国情緒あふれる文化は、長安市民を魅了し、食べ物から服装、音楽に至るまで異国風がもてはやされました。高級酒場では、金髪碧眼の美女たちが異国のメロディーに乗って、クルクルと体を回転させながら舞い踊る、「胡旋舞《こせんぶ》」という名の踊りが人気をさらい、貴族の若者たちは、玉《ぎょく》やガラス製のグラスにワインをなみなみと注ぎながら大唐帝国の栄華に酔いしれました。

バブル期の日本がそうだったように、国力が上り調子の唐代では、ゴージャスさが価値基準の第一位を占め、花なら牡丹《ぼたん》、女性なら、しもぶくれ顔のぽっちゃりタイプがもてはやされました。世界三大美女の一人、楊貴妃《ようきひ》は実は、お多福《たふく》さんのようなぽっちゃり美人だったのです。

●私の居場所を知っているのは、あの月だけ

独《ひと》り坐《ざ》す　幽篁《ゆうこう》の裏《うち》
琴《きん》を弾《だん》じて　復《ま》た長嘯《ちょうしょう》す
深林《しんりん》　人《ひと》　知《し》らず
明月《めいげつ》　来《き》たりて相照《あいて》らす

——王維《おうい》「竹里館《ちくりかん》」詩

私はただ一人、奥深い竹林の中の家で、気ままに琴を爪弾《つまび》き、詩を口ずさんでいる。私がここにこうしていることを、人は誰も知らないけれど、夜空の月だけは明るい光で私を照らしてくれている。

王維《おうい》は、仕事に暇ができると、すぐに別荘へ出かけたほど、別荘生活を愛した詩人でした。奥深い竹林の中に建てられた竹里館《ちくりかん》の周囲に人の気配はなく、心ない人々の言動に心を掻《か》き乱される心配はありません。夜になれば、一筋の月光が館《やかた》の中に差し込んで王維を包み込み、王維は月を相手に、琴を弾《ひ》き、詩を吟《ぎん》じて過ごしました。

人間は、人の輪から完全にはずれて生きてゆくことはできませんが、社会の中で様々な人間にもまれながら暮らしていると、ときどき、人気《ひとけ》のない大自然の中で深呼吸をしたくなります。仕事とも、煩《わずら》わしい人間関係とも隔絶《かくぜつ》された竹林の中で、清らかな月光に照らされながら、世俗の垢《あか》を洗い流すことのできた王維は、本当に幸せ者です。

ちなみに夏目漱石《なつめそうせき》は、名作『草枕《くさまくら》』の中で右の詩を読んだ感想を、こう記しています。「只《ただ》二十字のうちに優に別乾坤《べつけんこん》を建立《こんりゅう》して居《い》る。此《この》乾坤の功徳《くどく》は……中略……権利、義務、道徳、礼義で疲れ果てた後、凡《すべ》てを忘却《ぼうきゃく》してぐっすりと寝込む様《よう》な功徳である」と。

独坐幽篁裏
弾琴復長嘯
深林人不知
明月来相照

知っておきたい言葉

竹里館／王維の別荘の中にあった建物の名前。竹林の中に建てられていた。

幽篁／「幽《ゆう》」は、奥深い意。「篁《こう》」は竹やぶ。

長嘯／口をすぼめて声を長く伸ばし、詩を吟じること。

●静謐《せいひつ》という言葉を、ふと思い出す

空山《くうざん》　人《ひと》を見《み》ず
但《た》だ人語《じんご》の響《ひび》きを聞《き》く
返景《へんけい》　深林《しんりん》に入《い》り
復《ま》た青苔《せいたい》の上《うえ》を照《て》らす

――王維《おうい》「鹿柴《ろくさい》」詩

人気《ひとけ》のない山の中。ときおり、どこからか人声《ひとごえ》が響いてくるが、姿は見えない。夕日が林の奥にまで差し込んで、青い苔《こけ》を明るく照らし出している。

王維《おうい》は、詩人であると同時に画家でもあり、政治家でもあるという、マルチ人間でした。王維の詩と絵画はよく、「詩中《しちゅう》に画《が》あり、画中《がちゅう》に詩《し》あり」（詩の中に絵画があり、絵画の中に詩がある）と評されますが、右の詩はまさに、詩によって一幅《いっぷく》の絵画を描いたような作品です。

人里離れた静かな山の中。ときおり、切れ切れに聞こえてくる人の話し声が、あたりの静けさをいっそう、際立《きわだ》たせています。太陽は西に傾き、夕暮れどきの長くなった日差《ひざ》しが一筋《ひとすじ》、林の奥に差し込んで、地面の苔《こけ》を青々と照らしていました。

「青」という漢字には、青草の若芽のような「澄みきった青色」のイメージがあります。暗い洞穴《ほらあな》の中で発光する光蘚《ひかりごけ》のように、林の奥で夕日のスポットライトを浴びた苔は、そこだけ清々《すがすが》しい青色に光り、夕闇《ゆうやみ》に沈もうとしている林と、強烈なコントラストを醸《かも》し出していました。

禅味あふれる静かで清浄《せいじょう》な世界に、しばし浸ってみてください。

空山不見人
但聞人語響
返景入深林
復照青苔上

知っておきたい言葉

空山／人気《ひとけ》のない山。
返景／夕日の光。

原作者略歴

于《う》武陵《ぶりょう》　八一〇～？

唐《とう》の人。琴と書物を携えて各地を放浪し、晩年は山の麓《ふもと》の別荘で静かに暮らした。富や名誉にこだわらぬ孤高の人。

王維《おうい》　七〇一～七六一

唐の人。詩・絵画・音楽に精通した、多芸多才の文化人。官僚として順調に出世し、公務の合間には、長安《ちょうあん》郊外の別荘で自然に囲まれて過ごした。熱心な仏教信者。唐代を代表する自然詩人。

王翰《おうかん》　六八七～七二六

唐の人。官僚。狩猟と酒宴に耽《ふけ》って、左遷された。詩名は高かったが、現存する詩は少ない。

王之《おうし》渙《かん》　六八八～七四二

唐の人。若い頃から剣と狩猟と酒を好み、受験勉強を嫌って科挙《かきょ》を受験しなかった。当時から詩名が高く、彼の詩の多くは、音楽家によってメロディーをつけられて、愛唱されたといわれているが、現存する詩は六首しかない。

王昌齢《おうしょうれい》　六九八？～七五七？

唐の人。官僚。細かいことを気にしない性格が災いして、何度も左遷され、最後は、彼を憎む地方の役人に殺された。李白や王之渙と交友関係があり、その清らかな詩風は当時から高く評価されていた。李白と並ぶ七言絶句の名手。

王勃《おうぼつ》　六四八～六七五

唐の人。官僚。早熟の天才。奴隷を殺して死刑判決を受けた後、恩赦《おんしゃ》を得た王勃は、自分の罪に連座してベトナムへ左遷された父のもとへ向かったが、旅の途中、海に落ちて溺死《できし》した。享年二十八歳。傲慢《ごうまん》な性格だったが、詩名は高く、高額な謝礼金を積んでまで、彼に詩文の作成を依頼する者が絶えなかった。

漢《かん》の武帝《ぶてい》　紀元前一五六～紀元前八七

前漢の第七代皇帝。儒教を国教化して中央集権体制を確立し、西域《せいいき》・ベトナム・朝鮮半島に遠征して、前漢最大の国土を築き上げた。詩に巧みだった。

魏徴《ぎちょう》　五八〇～六四三

唐の初代皇帝、高祖《こうそ》と二代目の皇帝、太宗《たいそう》に仕えた建国の功臣。彼が六十三歳で亡くなったときには、太宗が深く嘆き悲しんだと伝えられている。直言を好んだ。

元稹《げんしん》　七七九～八三一

唐の人。官僚。一時、宰相《さいしょう》まで上りつめたが、最後は地方の任地で没した。白居易《はくきょい》の親友。その詩は、貴族や官僚は言うに及ばず、庶民や寺子屋の子供たちにまで広く愛唱されていた。

崔顥《さいこう》　七〇四～七五四

唐の人。官僚。若い頃は酒色を好み、何度も妻を取り替えるなど、素行が悪かった。晩年は、骨太の詩を作った。

司空曙《しくうしょ》　七四〇～七九〇？

唐の人。官僚。潔癖な性格で権威に媚《こ》びない人柄だった。

岑参《しんじん》　七一五～七七〇

唐の人。官僚として西域で暮らした期間が長かったため、国境付近の砂漠地帯を歌う辺塞《へんさい》詩に佳作が多い。

薛濤《せつとう》　七七〇～八三二

唐代の女流詩人。良家の娘であったが、父の死により、生活のために芸妓《げいぎ》となった。後に、美貌と詩才が認められて官庁の専属妓女となり、官僚たちの宴席にはべって、詩を披露した。

曹植《そうち》　一九二～二三二

魏《ぎ》の武帝曹操《そうそう》の息子。詩才に恵まれ、幼い頃から父に可愛がられたが、兄の文帝曹丕《ぶんていそうひ》に憎まれ、不遇の後半生を送った。魏を代表する詩人。

張籍《ちょうせき》　七六八～八三〇?

唐の人。官僚。当時の詩壇の大御所、韓愈《かんゆ》に詩才を認められ、門下に入った。

陳子昂《ちんすごう》　六六一～七〇二

唐の人。官僚社会に絶望して故郷へ帰ったが、彼の財産に目をつけた県知事に捕えられ、四十二歳で獄死した。その詩は、飾り気がなく、力強い。

陶潜《とうせん》　三六五～四二七

東晋《とうしん》の人。字《あざな》は淵明《えんめい》。陶淵明とも呼ばれる。四十一歳のとき、県知事の職に就いたが、わずかな給料のために人に膝を屈する生活を潔《いさぎよ》しとせず、辞職して故郷へ帰った。酒と琴と静かな田園生活を愛した詩人。

杜甫《とほ》　七一二～七七〇

唐の人。官僚。庶民が幸せに暮らすことのできる社会の実現を目指して、政治家を志したが、戦乱や飢饉《ききん》などに阻《はば》まれて、政治家としての手腕を発揮することなく、五十九歳で病没した。貧困と飢餓に追われ、家族と共に放浪に明け暮れた人生だった。兵役と租税の重さに苦しむ庶民の現実を詩に描いた社会派の詩人。中国詩の可能性を大きく切り開いたことから、「詩聖《しせい》」とたたえられている。

杜牧《とぼく》　八〇三〜八五二

唐の人。官僚。小事にこだわらない豪快な性格で、若い頃は、遊郭《ゆうかく》に頻繁に出入りして風流才子《ふうりゅうさいし》と呼ばれた。青春時代を回顧した甘美な詩や、歴史を題材とした詠史《えいし》詩に傑作が多い。

白居易《はくきょい》　七七二〜八四六

唐の人。字《あざな》は楽天《らくてん》。白楽天とも呼ばれる。官僚。一度、左遷されたが、以後は順調に出世街道を歩み、七十五歳で没した。若い頃は、社会の矛盾を風刺する詩を数多く作ったが、晩年は、日々の生活を静かに楽しむ詩を好んで作った。白居易が残した詩は三千首近くあり、唐代詩人中、最多である。

潘図《はんと》　?〜?

唐の人。伝記は不明。

孟浩然《もうこうねん》　六八九〜七四〇

唐の人。詩才を認められながらも、仕官することなく、五十二歳で没した。裏表のない、さっぱりした性格だったといわれている。王維《おうい》や柳宗元《りゅうそうげん》と並び称される自然詩人。

李賀《りが》　七九一〜八一七

唐の人。十代の頃から天才詩人の誉《ほま》れ高かったが、二十歳のとき、彼の才能を妬《ねた》む者たちの策略にかかり、科挙《かきょ》の受験資格を剝奪《はくだつ》された。その後、長安《ちょうあん》で官職に就いたが、官位の低さにプライドを傷つけられ、故郷へ帰って、二十七歳で病没した。「鬼才」という言葉は、李賀の詩人としての才能を表現するために作られた造語である。

陸亀蒙《りくきもう》　?～八八一

唐の人。仕官したこともあるが、俗物との交際を嫌って地方に隠棲《いんせい》し、書物と茶を愛して静かに暮らした。

李渉《りしょう》　?～?

唐の人。憲宗《けんそう》から文宗《ぶんそう》の時代（八〇五～八四〇）に活躍した詩人。官僚。

李商隠《りしょういん》　八一二?～八五八

唐の人。官僚。朝廷内の派閥闘争に巻き込まれ、不遇のまま四十七歳で没した。典故《てんこ》を多用した華麗で難解な詩風が特徴で、恋愛詩に秀作が多い。

李白《りはく》　七〇一～七六二

唐の人。若い頃から仙界に憧れる一方、政治の世界にも強い関心を示し、四十二歳で、念願かなって朝廷に召されたが、わずか三年で追放された。その後、各地を放浪。不遇のまま六十二歳で没した。杜甫《とほ》と共に「李杜《りと》」と並び称される唐代の大詩人で、仙界に遊ぶかのような想像力豊かな詩句を得意としたことから、「詩仙《しせん》」とたたえられる。

劉希夷《りゅうきい》　六五一～六七九?

唐の人。官職に就かぬまま、三十歳頃、何者かに殺害された。美男子で小事にこだわらず、大酒飲みで琴の名手だった。

柳宗元《りゅうそうげん》　七七三～八一九

唐の人。官僚。朝廷の改革派に与《くみ》したが、改革運動の失敗によって地方へ左遷され、不遇のまま四十七歳で没した。王維《おうい》や孟浩然《もうこうねん》と並び称される自然詩人。

出典解説

史記《しき》

前漢《ぜんかん》の司馬遷《しばせん》（紀元前一四五？～紀元前八六？）が書いた古代中国の歴史書。伝説上の人物である黄帝《こうてい》の時代から、漢《かん》の武帝《ぶてい》の時代までの約三千年の歴史が記されている。『史記』は、本紀《ほんぎ》・表《ひょう》・書《しょ》・世家《せいか》・列伝《れつでん》に分かれており、全百三十巻の半分以上を占める列伝には、各王朝の代表的な人物の伝記が文学性豊かに綴《つづ》られている。列伝のなかには、孔子《こうし》や老子《ろうし》をはじめとする哲学者の伝記もあれば、商人や刺客《しかく》の伝記もあり、さながら人間の見本市を見るようである。

詩経《しきょう》

殷《いん》末・周《しゅう》初から春秋《しゅんじゅう》時代までの約六百年間の詩を集めた、中国最古の詩集。当初は三千篇あったが、孔子が三百余篇を選んで現在の形にしたと伝えられている。『詩経』は、風《ふう》・雅《が》・頌《しょう》の三部に分かれており、現在ある三百五篇の詩の半数を占める風には、諸国の名もなき庶民が作った民謡が収められている。詩は、毎句四文字の四言詩を基本とし、脚韻を踏むなど、後の中国詩の萌芽《ほうが》が認められる。また序文には、「詩は志《こころざし》を言う」という、後の中国詩の基本理念となる重要な考え方が記されている。『詩経』を愛読した孔子は、「詩三百《しさんびやく》、一言以《いちげんもつ》て之《これ》を蔽《おお》えば、曰《いわ》く、思《おも》い邪《よこしま》無し」（詩経の詩を一言で言えば、心に邪心がないということだ）と語っている。儒教《じゅきょう》の重要な五つの経典、五経《ごきょう》（易経《えききょう》・書経《しょきょう》・詩経・礼記《らいき》・春秋《しゅんじゅう》）の一つ。

礼記《らいき》

日常生活における礼儀作法や、冠婚葬祭《かんこんそうさい》時の立居《たちい》振舞《ふるま》い方など、古代中国の礼に関する理論や作法を記した書物。成立年は不明であるが、周《しゅう》代から漢《かん》代までの礼に関する考え方が収録されている。『礼記』とは、礼に関することを記した書物という意味。儒教の重要な五つの経典、五経の一つ。

論語《ろんご》

春秋《しゅんじゅう》時代の哲学者、孔子《こうし》（紀元前五五一？〜紀元前四七九）は、苦学して学問を修め、儒教を体系化した。自らの哲学を実践するために、弟子を引き連れて諸国を行脚《あんぎゃ》したが、志を果たすことができなかった。晩年は弟子の教育に専念し、七十三歳頃、没した。『論語』は、孔子とその弟子たちの言葉や会話を、孔子の死後、残された弟子たちが整理編集したもので、後漢《ごかん》時代に現在の『論語』の形が整った。「論」とは、よく整理された言葉、「語」とは会話の意。儒教の重要な四つの書物、四書《ししょ》（大学《だいがく》・中庸《ちゅうよう》・論語・孟子《もうし》）の一つ。

おわりに

大学の教壇に立っていて、最近、一番気になるのが、学生たちの語彙《ごい》の乏しさと、言葉の軽さです。人間は言葉によって考え、互いに理解しあうものなのに、こんなに軽い言葉ばかりを使っていたのでは、思考も相互理解も共に深まらないのではないかと、時々本当に心配になります。

「唐詩《とうし》を中心にしたオリジナルの詞《し》華集《かしゅう》を作ってみませんか」というお話をいただいたのは、ちょうどそんなことを考えていたときだったので、渡りに船とばかりに、人生の伴侶とするに足る、上等の言葉で綴《つづ》られた詩句だけを集めて、この本を作りました。

桜の花が咲けば、劉希夷《りゅうきい》の「年年歳歳《ねんねんさいさい》　花相似《はなあいに》たり、歳歳年年《さいさいねんねん》　人同《ひとおな》じからず」句と共に、かつて一緒に花を見た懐かしい祖父母のことを思い出します。人間関係にきしみが生じたときは、孔子《こうし》の「君子《くんし》は和《わ》して同《どう》ぜず。小人《しょうじん》は同《どう》じて和《わ》せず」という言葉を思い出して、自分に不用意な言動がなかったかを点検します。職業病といわれれば、それまでですが、私の心の中にはこんなふうに、いつも漢詩文中の言葉が響いています。

優れた詩や文は、何度読んでも、読むたびに新たな啓示を与えてくれます。茨木のり子さんが『詩のこころを読む』（岩波ジュニア新書）の中で語っているように、「いい詩には、ひとの心を解き放ってくれる力があります。いい詩はまた、生きとし生けるものへの、いとおしみの感情をやさしく誘いだしてもくれます」。この本を手に取ってくださった方々が、この詞華集の中から、生涯寄り添うことのできる、お気に入りの詩句を一つでも発見してくださったなら、これ以上の幸せはありません。

最後になりましたが、いつも的確な助言を与えてくださった鮎川京子さん、カバーに詩心あふれる書をご提供くださった書家の加固明子先生、本当にありがとうございました。お二人の力添えがなければ、この本は世に出ることができませんでした。

河田聡美

文庫化にあたって

二〇二〇年。当初は、海の向こうの流行り病だと思われていた新型コロナウイルスが、瞬く間に世界中を席巻し、私の勤務する大学でも、問答無用でオンライン授業が開始されました。

目に見えないウイルスによって、突然、キャンパス生活を奪われ、日本各地で、たった一人、パソコンやスマホの画面を見つめながら勉学に勤しんでいる学生たちの孤独な声が、彼らの提出する課題のあちこちに、ひっそりと記されているのを目にした時から、彼らに寄り添う言葉を探すことが、教師である私の大切な仕事の一つになりました。

心の中のモヤモヤを言い表すのにピッタリの「言葉」と、その言葉を発した人の人生を知るだけで、心の友に出会えたような、救われた気持ちになるのが人間というものです。

たとえば、あなたが、「ともだち100人できるかな?」と無邪気に歌う童謡の呪縛から未だ逃れられずにいるのだとしたら、「君子《くんし》は和《わ》して同《どう》ぜず。小人《しょうじん》は同《どう》じて和《わ》せず」という孔子の言葉が、あなたのトラウマをきれいに拭い去ってくれるかもしれません。

たとえば、あなたが今、大きな代償を支払ってでも、自らの信じる道を突き進みたいと願っているのなら、「徳《とく》は孤《こ》ならず、必《かなら》ず隣有《となりあ》り」という言葉が、あなたの背中を、そっと押してくれるかもしれません。

誰もが、SNSで気軽に情報発信できる時代だからこそ、人を励まし勇気づけ、波立つ心を静かな内省へと導く言葉の重要性が高まっているように思います。

拙著が、言葉を大切に思う人達の心に寄り添い励ます一助になれたなら、幸いに思います。

二〇二一年一月二十六日

河田聡美

この作品は二〇〇六年七月小社より刊行された『知識ゼロからの中国名言・名詩』を改題したものです。

幻冬舎文庫

●最新刊

はじめましてを、もう一度。

喜多喜久

「私と付き合わないと、ずばり、死んじゃう」。彼女は、天使のような笑顔で言った。出会った瞬間に永遠の別れが決まっていたとしたら——？　〝予知夢〟で繋がった二人の、泣けるラブ・ミステリー。

●最新刊

猫だからね

そにしけんじ

「猫作家」「猫悟空」「猫先生」「猫ドクター」「猫シェフ」。……自由気ままに振る舞う個性豊かな猫たちに、振り回されちゃう人間たち。でも、いいんです。だって、猫だからね。

●最新刊

その日、朱音は空を飛んだ

武田綾乃

高校の屋上から飛び降りた川崎朱音。拡散されている自殺の動画を撮影したのは誰か、そこに映っていた〝もう一人〟は誰か、そもそも本当に自殺だったのか。——真実だけは、決して誰も語らない。

●最新刊

向こうの果て

竹田　新

同棲相手を殺害した容疑で逮捕された池松律子。若手検事が取調べに当たるが、動機は語らない。調べを進めると彼女を知る男達の証言によりいくつもの顔が浮かび上がる。真実の顔はどれなのか。

●最新刊

ドS刑事
井の中の蛙大海を知らず殺人事件

七尾与史

マヤに一服盛られ、〝ハネムーンの下見〟のために豪華客船に〝拉致〟された代官山。しかしその船には「マモー」と名乗る人物による時限爆弾が仕掛けられていた。人気シリーズ第六弾！

幻冬舎文庫

●好評既刊
猫は、うれしかったことしか覚えていない
石黒由紀子・文　ミロコマチコ・絵

「猫は、好きをおさえない」「猫は、引きずらない」「猫は、命いっぱい生きている」……迷ったり、軸がぶれたとき、自分の中にある答えを探るヒントを、猫たちが教えてくれるかもしれません。

●好評既刊
男の不作法
内館牧子

知らず知らずのうちに、無礼を垂れ流していませんか？　「得意気に下ネタを言う」「上司には弱く部下には横柄」「忖度しすぎて自分の意見を言わない」。男性ならではの不作法を痛快に斬る。

●好評既刊
女の不作法
内館牧子

よかれと思ってやったことで、他人を不愉快にしていませんか？　「食事会に飛び入りを連れていく」「聞く耳を持たずに話の腰を折る」「大変さをアピールする」。女の不作法の数々を痛快に斬る。

●好評既刊
死神さん
大倉崇裕

冤罪事件の再調査が職務の儀藤。警察の失態をほじくり返す行為ゆえ、指名された相棒刑事の出世の道を閉ざす「死神」と呼ばれている……。執念と型破りな捜査で真相に迫るバディ・ミステリー！

●好評既刊
グリーンピースの秘密
小川　糸

ベルリンで暮らし始めて一年。冬には家で味噌を仕込んで、春には青空市へお買い物。短い夏には遠出して、秋には家でケーキを焼いたり、縫い物をしたり。四季折々の日々を綴ったエッセイ。

幻冬舎文庫

●好評既刊

やっぱりかわいくないフィンランド

芹澤　桂

たまたまフィンランド人と結婚して子供を産んで、ヘルシンキに暮らすこと早数年。それでも毎日はまだまだ驚きの連続！　「かわいい北欧」のイメージを覆す、爆笑赤裸々エッセイ。好評第二弾！

●好評既刊

ありえないほどうるさいオルゴール店

瀧羽麻子

北の小さな町にあるオルゴール店では、「心に流れている音楽が聞こえる」という店主が、不思議な力で、傷ついた人の心を癒してくれます。今日はどんなお客様がやってくるでしょうか――。

●好評既刊

オーストリア滞在記

中谷美紀

ドイツ人男性と結婚し、想像もしなかった田舎暮らしが始まった。朝は、掃除と洗濯。晴れた日には、スコップを握り庭造り。ドイツ語レッスンも欠かさない。女優・中谷美紀のかけがえのない日常。

●好評既刊

走れ外科医
泣くな研修医3

中山祐次郎

若手外科医・雨野隆治に二十一歳の癌患者が打ち明けた「人生でやっておきたいこと第一位」。医師として止めるべきか？　友達として叶えてあげるべきか？　現役外科医による人気シリーズ第三弾。

●好評既刊

猫には嫌なところがまったくない

山田かおり

黒猫CPと、クリームパンみたいな手を持つのりやすは、仲良くないのにいつも一緒。ピクニックのように幸福な日々は、ある日突然失われて――。猫と暮らす全ての人に贈る、ふわふわの記録。

心《こころ》を励《はげ》ます　中国《ちゅうごく》名言《めいげん》・名詩《めいし》

河《かわ》田《た》聡《さと》美《み》

令和3年4月10日　初版発行

発行人――石原正康
編集人――高部真人
発行所――株式会社幻冬舎
〒151-0051東京都渋谷区千駄ヶ谷4-9-7
電話　03(5411)6222(営業)
　　　03(5411)6211(編集)
　　振替00120-8-767643
印刷・製本―株式会社　光邦
装丁者――高橋雅之

幻冬舎文庫

ISBN978-4-344-43071-6　C0195　　か-52-1

幻冬舎ホームページアドレス　https://www.gentosha.co.jp/
この本に関するご意見・ご感想をメールでお寄せいただく場合は、
comment@gentosha.co.jpまで。